Edmond Kamango Selemani Sheta-Sheta

Jésus n'est pas le Dieu Très-Haut

Edmond Kamango Selemani Sheta-Sheta

Jésus n'est pas le Dieu Très-Haut

Unité n'est pas égalité

Éditions Croix du Salut

Imprint
Any brand names and product names mentioned in this book are subject to trademark, brand or patent protection and are trademarks or registered trademarks of their respective holders. The use of brand names, product names, common names, trade names, product descriptions etc. even without a particular marking in this work is in no way to be construed to mean that such names may be regarded as unrestricted in respect of trademark and brand protection legislation and could thus be used by anyone.

Cover image: www.ingimage.com

Publisher:
Éditions Croix du Salut
is a trademark of
International Book Market Service Ltd., member of OmniScriptum Publishing Group
17 Meldrum Street, Beau Bassin 71504, Mauritius

Printed at: see last page
ISBN: 978-613-7-36817-6

TABLE DES MATIERES

AVANT-PROPOS

Ce titre n'a rien de choquant. Il ne peut choquer Jésus-Christ car je le tire de sa bouche même, selon qu'il a dit : *« Or, la vie éternelle c'est qu'ils te connaissent toi, le seul vrai Dieu et celui que tu as envoyé, Jésus-Christ. » Jean 17 : 3.*

Cette déclaration libre de Jésus-Christ signifie qu'il n'est pas, lui, le seul vrai Dieu. Jésus nous apprend en effet que dans son secret le plus intime, il sait, croit et confesse qu'il existe un vrai Dieu, son Dieu.

Nonobstant cette précision, la majorité des membres des confessions chrétiennes continuent à soutenir que Jésus est le vrai Dieu.

Si j'ai décidé d'aborder ce sujet, c'est avant tout pour aider si possible des milliards de personnes vivant dans l'ignorance de la vraie position de Jésus-Christ dans l'univers à se repentir, grâce à une connaissance exacte, du blasphème consistant à revendiquer pour lui le vêtement de la divinité absolue. C'est ensuite pour favoriser l'adhésion de plusieurs à l'Evangile éternel qui m'a été confié en mai 1983, et qui est le jour de salut pour la majorité des habitants de la terre. Or, la croyance en l'égalité entre Dieu et Jésus établit un handicap infranchissable à la compréhension de l'Evangile éternel, car celui-ci est fondé sur l'investiture de Jésus de l'autorité royale par Dieu, ce qui exige non seulement la croyance en leur distinction mais surtout en la supériorité absolue du vrai Dieu sur Jésus-Christ. Or quiconque n'adhère pas à l'Evangile éternel ne peut recevoir le salut. Car l'Evangile de grâce a offert le salut aux prémices, tandis que l'Evangile éternel, lui, donnera le salut à la masse (Apo 7 :9-10). D'où l'importance de mettre fin à la confusion qui prévaut dans le christianisme entre Dieu et Jésus, car elle prive d'office tous ceux qui l'entretiennent du salut.

Il faut avouer que j'étais moi-même, au nom de l'éducation chrétienne que j'avais reçue dans l'église catholique romaine, un grand défenseur de la doctrine faisant de Jésus l'égal de Jéhovah, Dieu. Heureusement, Dieu a mis fin un jour à cette confusion blasphématoire en me gratifiant d'une vision où je vis Dieu, Jésus-Christ et l'Esprit-saint en tant que trois entités, trois personnes distinctement indépendantes. Dans cette vision, seul Jéhovah était nommé Dieu, les autres étaient nommés Jésus-Christ ou Esprit-saint. Jésus était à la droite de Jéhovah, Dieu le père, l'Esprit-saint à gauche.

Puisque la croyance de la plupart des gens n'est pas appuyée par une révélation personnelle mais fondée sur l'interprétation des textes bibliques, j'ai trouvé bon de faire parler abondamment la bible afin de clarifier une bonne fois pour toutes la position de Jésus-Christ par rapport à Jéhovah.

Dans cette étude, sont examinées les déclarations ayant trait à la nature, à la qualité, à la quantité, à l'âge, aux connaissances et aux capacités de Jésus-Christ comparativement à Dieu.

CHAPITRE I

NATURE ET AGE DE JESUS

I.1. PREDESTINATION DE JESUS

1 Pierre 1:20 :
Christ prédestiné avant la fondation du monde et manifesté à la fin des temps à cause de vous.

Si donc Jésus-Christ a été prédestiné, c'est qu'il y a quelqu'un qui l'a prédestiné, de sorte que le prédestiné et celui qui l'a prédestiné ne sont ni égaux ni de même condition. Bien plus, la notion de prédestination du Christ signifie qu'il a un commencement des jours, contrairement à Dieu qui n'a ni commencement ni fin. Cela commande de croire à la différence d'âge entre le vrai Dieu et Jésus-Christ. Car lorsque Dieu se mettait en devoir de concevoir Jésus, celui-ci était absent, c'est-à-dire qu'il n'existait pas encore, et que, par conséquent, son âge était nul.

Colossiens 1 :15 :
(Christ) Le premier-né de toute la création.

Apocalypse 3 :14 :
(Christ) Le commencement de la création de Dieu.

Proverbes 8 :22-23 :
(Christ) Prémices de l'activité de Dieu. (TOB)

Hébreux 2 :10-11 :
Il convenait, en effet, que celui par qui et pour qui sont toutes choses, et qui voulait conduire à la gloire beaucoup de fils, élevât à la perfection par les souffrances le Prince de leur salut. ***Car celui qui sanctifie et ceux qui sont sanctifiés sont tous issus d'un seul (Dieu). C'est pourquoi il (Jésus) n'a pas honte de les appeler frères.***

Ces deux versets nous apprennent que " **Jésus est issu de Dieu comme chacun des hommes.** "

Michée 5:1 :
Et toi Bethléem Ephrata, petite entre les milliers de Juda, de toi sortira pour moi celui qui dominera sur Israël, et dont l'origine remonte aux temps anciens, aux jours de l'éternité.

Jésus a bel et bien une **origine,** une origine remontant à des temps anciens, mais une origine quand même.

Les écritures précédentes expriment une même préoccupation, à savoir que Jésus-Christ est une créature de Dieu et non Dieu lui-même. Il a un âge connu de Jéhovah, Dieu, alors que le vrai Dieu n'a ni origine de jours ni fin.

I.2. HUMANITE DE JESUS

Actes 2 :22-23 :
Jésus de Nazareth, ***cet homme*** *à qui Dieu a rendu témoignage devant vous par les miracles, les prodiges et les signes qu'il a opérés par lui au milieu de vous, comme vous le savez vous-même ;* ***cet homme,*** *livré selon le dessein arrêté et la préscience de Dieu, vous l'avez crucifié, vous l'avez fait mourir par la main des impies.*

Actes 17 :31 :
Car Dieu a fixé un jour où ***il jugera le monde par l'homme*** *qu'il a désigné d'avance, ce dont il a donné à tous une preuve certaine en le ressuscitant des morts…*

1 Timothée 2 :5 :

Car il y a un seul Dieu, et aussi un seul médiateur entre Dieu et les hommes, ***Jésus-Christ homme.***

Ces écritures nous instruisent sur la nature humaine de Jésus, et partant corrigent ceux qui croient et professent le contraire (Voir 2 Timothée 3:16 pour le rôle de l'écriture).

Esaïe 42 :1-9 :

Voici mon serviteur que je soutiendrai, mon élu en qui mon âme prend plaisir (Voir aussi Mt 3:17 et Mt 17: 5). J'ai mis mon esprit sur lui. Il annoncera la justice aux nations. Moi, l'Eternel, je t'ai appelé pour le salut. Je t'établirai pour traiter une alliance (Cf. Dan 9 :26-27 ; Mt 26:28) avec mon peuple. Et je ne donnerai pas ma gloire à un autre.

De ces passages, il ressort clairement que le Messie est un homme, serviteur de Dieu, l'Eternel.

Dieu donnera sa gloire au Messie et ne la donnera à personne d'autre. Ce qui place celui-ci au-dessus de tous les hommes (Cf. 1 Pierre 1: 21) voire de tous les anges. Certains ont voulu interpréter " **Je ne donnerai pas ma gloire à un**

autre ''comme un refus de Dieu de partager sa gloire avec personne. Et de là ils déduisent que quiconque aura cette gloire ou en fera la manifestation devra être identifié avec le vrai Dieu. Cela s'appelle une interprétation personnelle de la parole de Dieu, consistant à sortir un verset de son contexte pour en fausser la signification. A ce sujet, il est intéressant de noter que **selon apocalypse 21 :9-11, la multitude des élus aura la gloire même de Dieu.** Mais quand ils auraient cette gloire, ils ne seraient pas pour autant égaux à Jéhovah, Dieu.

> ***Psaumes 2 :7 :***
> *Je publierai un décret ; l'Eternel m'a dit : " Tu es mon fils ! je t'ai engendré aujourd'hui ".*

"Aujourd'hui" est le mot clé pour une parfaite compréhension de l'écriture précédente. Dans cette écriture, aujourd'hui est employé pour indiquer que le Messie a un commencement, car il lui donne sa date d'existence. Aujourd'hui s'oppose à hier et à demain. Quand il se rappellerait ce qui s'est passé " aujourd'hui " (le jour où l'on est, dans le temps présent), Christ n'aurait aucun souvenir "d'hier ". " Aujourd'hui " signifie également que l'âge de Jésus est de loin inférieur à celui du vrai Dieu, son Père.

I. 3. DIEU EST ESPRIT MAIS NON JESUS

Dieu et Jésus-Christ appartiennent à deux essences différentes.

Jean 4 : 24 :
Dieu est esprit …

Luc 24 :39 :
Voyez mes mains et mes pieds, c'est bien moi (Jésus) ; touchez-moi et voyez : ***un esprit n'a ni chair ni os comme vous voyez que j'ai.***

Nombres 23 :19 :
Dieu n'est point un homme … ni fils d'un homme…

1 Samuel 15 :29 :
Celui qui est la force d'Israël (Dieu) … n'est pas un homme…

Marc 8 :31 :
Alors il commença à leur apprendre qu'il fallait que le fils de l'homme souffrît beaucoup, qu'il fût rejeté par les anciens, par les principaux sacrificateurs et les scribes, qu'il fût mis à mort, qu'il ressuscitât trois jours après.

Ces écritures parlent clairement et sans détour de la nature de Dieu et de Jésus. Elles affirment que Dieu est un esprit alors que Jésus est un homme, que Dieu ne peut naître alors que Jésus est un fils de l'homme, car il est né d'une femme (Ga 4 :4).

Galates 4 :4 **:**
Mais lorsque les temps ont été accomplis, Dieu a envoyé son fils né d'une femme, né sous la loi.

I. 4. LA MORTALITE DU CHRIST ET L'IMMORTALITE DE DIEU

Hébreux 2 :9-11 :
Jésus, nous le voyons couronné de gloire et d'honneur à cause de la mort qu'il a soufferte, afin que par la grâce il souffrît la mort pour tous.

Apocalypse 1 :18 :
Je fus mort, dit Jésus ...

1 Timothée 6 :14-16 :
Jésus-Christ que manifestera en son temps le bienheureux et seul souverain, le Roi des rois et ***Seigneur des seigneurs qui seul possède l'immortalité.***

Donc Dieu seul, le Père de Jésus, possède l'immortalité.

1 Timothée 1 :17 :
Au roi des siècles, immortel, invisible, seul vrai Dieu.

Ces écritures disent que dans tout l'univers il y a une seule personne qui possède l'immortalité, c'est-à-dire qui ne peut mourir, et c'est le vrai Dieu. En revanche, Jésus-Christ a souffert de la mort comme nous. Et si Jésus est revenu à la vie, c'est grâce au Dieu immortel :

Hébreux 5 :7-10 :
C'est lui qui, dans les jours de sa chair, ayant présenté avec des grands cris et avec larmes *des prières et des supplications à celui qui pouvait le sauver de la mort, et ayant été exaucé à cause de sa piété, a appris, bien qu'il fût fils, l'obéissance par les choses qu'il a souffertes.*

I. 5. VISIBILITE DE JESUS ET INVISIBILITE DE DIEU

L'écriture déclare que Dieu est invisible contrairement à Jésus que de nombreux Juifs et ressortissants des nations avaient vu et ce, indépendamment de leur religion.

Exode 33 :20 :
L'Eternel dit : Tu ne pourras pas voir ma face, car l'homme ne peut me voir et vivre.

1 Timothée 1 :17 :
Au roi des siècles, immortel, invisible …

Colossiens 1 :15 :
Il (Jésus) est l'image du Dieu invisible …

De tous temps les hommes ont toujours voulu voir le vrai Dieu. Outre Moise, ce désir a été exprimé par l'un des apôtres de Jésus. Philippe demanda à Jésus après qu'il eût affirmé à leur place que ses apôtres avaient vu le vrai Dieu : Seigneur montre-nous le Père et cela nous suffit. Et Jésus répondit : **Celui qui m'a vu a vu le Père (Jean 14 :8-9).** Les défenseurs de la divinité absolue de Jésus s'appuient sur cette déclaration pour étayer leur doctrine. Est-ce à dire que Dieu s'est contredit ? Car cette fois l'homme pouvait le voir et vivre ?

Cette apparente contradiction devrait amener les étudiants de la bible à conclure que la déclaration de Jésus n'est pas à prendre à la lettre. Chaque fois que deux paroles de Dieu semblent se contredire, nous devons comprendre que soit l'une d'elles est une figure de rhétorique, soit qu'elles se réfèrent à deux époques différentes. Dans le cas d'espèce, la déclaration de Jésus est une figure de rhétorique. Jésus voulait montrer qu'il est l'image parfaite de Dieu. A ce titre, quiconque le voit, voit également le vrai Dieu dont il est l'image.

Voici comment je suis parvenu à la conviction que lorsque quelqu'un voit l'image d'une personne il voit la personne même. Un matin je m'apprêtais à me rendre au travail. Je faisais donc ma toilette. J'étais dans la salle de bain, et peignais les cheveux. Ma femme entra, puis notre jeune fils de cinq ans. Alors que je me mirais, mon fils s'écria : Voilà papa ! Me retournant vers lui, je lui demandai : Où est papa ? Il n'hésita pas une seconde ; il me montra son papa dans le miroir. En fait il avait vu mon image dans le miroir, et il était convaincu qu'il m'avait vu. Voilà ce qu'un petit enfant m'a appris. Aussitôt je pensai à l'épineux verset de Jean 14 :9 et compris que Jésus y parlait figurativement voulant souligner le rapport qu'il y a entre son Père et lui.

Jean 14 :8-9 n'est pas la première fois que Jésus déclara que celui qui l'a vu a vu le Père. Cinq jours auparavant, en effet, Jésus avait développé ce thème. A cette occasion, il avait énoncé deux principes qui sont encore valables de nos jours dans toutes représentations d'une puissance à l'extérieur.

> ***Jean 12 :44-45 :***
> *Or, Jésus s'est écrié : Celui qui croit en moi croit, non pas en moi, mais en celui qui m'a envoyé et celui qui me voit, voit celui qui m'a envoyé.*

C'est exact, celui qui voit l'ambassadeur d'une puissance voit cette puissance.

Mais en Jean 14 :8-9, la déclaration de Jésus comporte un élément qui fait dire aux défenseurs de l'égalité entre Jéhovah et Jésus-Christ que celui-ci est le Très-Haut lui-même. C'est l'élément suivant : ***Il y a si longtemps que je suis avec vous, et tu ne m'as pas connu, Philippe !***

Cette exclamation ne signifie pas que Jésus a confirmé qu'il est le Très-Haut. Mais sachant que dans une autre occasion (Jean 12 :44-45), il avait déjà réglé la question des curieux qui désiraient voir Dieu, Jésus s'étonnait de l'incrédulité de son disciple.

La bible déclare que Jésus est l'image de Dieu. Non seulement il est l'image de Dieu, mais la bible précise que Jésus-Christ est l'image du Dieu invisible (Col 1 :15). Une fois de plus l'écriture insiste sur **l'invisibilité du vrai Dieu**, mais, cette fois, elle prend soin de nous indiquer celui qui lui ressemble parfaitement de telle sorte qu'en le voyant nous soyons satisfaits d'avoir vu le véritable Dieu.

En mettant ensemble Exode 33 :20, I Timothée 1 :17 et Colossiens 1 :15, on reçoit une compréhension accrue et exacte de Jean 14 :8-9.

Peut-on à la lumière des écritures aussi claires que l'eau de roche continuer à clamer que Jésus-Christ est Jéhovah lui-même ?

I. 6. ETERNITE DE LA FILIATION DE JESUS

Même après son ascension au ciel à la suite de sa victoire sur la mort, Jésus-Christ continue à déclarer qu'il demeure fils de Dieu contrairement à la doctrine de trois fonctions successives de Père, Fils et saint Esprit professée par les faux pasteurs. En tout cas il ressort des versets ci-après que Jésus ne croit pas qu'il a exercé respectivement les fonctions de Père, Fils et saint Esprit. Au contraire ces trois fonctions sont remplies simultanément par Dieu, Jésus et l'Esprit-saint respectivement.

Marc 14 :62 :
Jésus répondit : Je le suis. Et vous verrez le fils de l'homme assis à la droite de la puissance de Dieu, et venant sur les nuées du ciel.

Marc 16 :19 :
Le Seigneur, après leur avoir parlé, fut enlevé au ciel et il s'assit à la droite du Dieu.

Actes 7 :55 :
Mais Etienne rempli du Saint-Esprit, et fixant les regards vers le ciel, vit la gloire de Dieu, et Jésus –Christ débout à la droite de Dieu.

Apocalypse 2 :18 :
Ecris à l'ange de l'église de Thyatire : Voici ce que dit le fils de Dieu, celui qui a les yeux comme une flamme de feu; et dont les pieds sont semblables à de l'airain ardent.

CHAPITRE II

QUALITE ET CAPACITE DE JESUS

II. 1. DIVINITE JURIDIQUE DE JESUS

Psaumes 45 :7 :
C'est pourquoi ô Dieu, ton Dieu t'a oint d'une huile de joie par privilège sur tes collègues.

Il y a un Dieu qui a des collègues et c'est Jésus, qui est un homme. Mais il y a un Dieu des Dieux, et c'est Jéhovah.

Saisissons l' occasion que nous offrent les psaumes 2 et 45 pour noter que ceux-ci ayant été écrits avant le livre d'Esaïe, la déclaration de ce dernier disant que Dieu ne donnera pas sa gloire à un autre fait d'abord allusion à ce que Dieu a promis au Messie -la gloire- et souligne en même temps sa position autrement élevée par rapport à ses collègues, serviteurs humains de Dieu.

Exode 7 :1 :
Vois, je te fais Dieu ...

Esaïe ***9 :5 :***

Car un enfant nous est né, un fils nous est donné, et la domination reposera sur son épaule. On l'appellera Admirable, Conseiller, Dieu puissant, Père éternel, Prince de la paix.

Il est évident que ces attributs sont écrits de Jésus. Mais ils ne lui confèrent pas la dimension du Très-Haut. **« Dieu puissant » ne signifie pas Dieu Suprême ou Absolu.** On se souviendra que le Dieu Suprême est celui qui a oint Jésus d'une huile de joie par privilège sur ses collègues. Cette onction constitue une puissance que Jésus a reçue. L'expression " Dieu puissant " s'adresse donc à Jésus, mais elle se réfère aux psaumes 45 :7 où il est attesté que " Jésus a reçu une onction, c'est-à-dire une puissance supérieure à tous ses collègues qui sont aussi des Dieux ". A ce titre, l'oint de Jéhovah est un Dieu puissant. C'est dans cet ordre d'idées qu'après le psalmiste, le Prophète Esaïe avait annoncé avant la venue au monde du Christ Jésus, par la naissance, que tout le monde proclamerait (on proclame :on, pronom indéfini englobant tout le monde) qu'il est un « Dieu puissant».

De même, « Père éternel » ne fait pas de Jésus l'Eternel, Jéhovah. Eternel est un nom, et il est aussi un adjectif. Dans ce contexte « éternel » est une épithète se rapportant à « père » pour le qualifier. Jésus est Père éternel parce qu'il nous a engendrés pour toujours. Adam, notre Père charnel ayant échoué la mission lui assignée par Jéhovah, d'être le Père éternel de la famille humaine, Dieu a confié cette dignité à Jésus-Christ, appelé à juste titre d'ailleurs, second Adam. L'expression " Père éternel " s'adresse bel et bien à Jésus pour souligner que l'enfant qui naîtra en accomplissement d'Esaïe 9 :5 deviendra le Père de la nouvelle famille humaine au plan spirituel, c'est-à-dire éternel. 1 Corinthiens 15 :45-49 affirme que Jésus-Christ se substitue à Adam pour engendrer des hommes spirituels et éternels. Puisque Adam est le père des âmes vivantes, alors Christ, qui est le second Adam, est le Père des esprits vivifiants, c'est-à-dire un Père éternel.

Par conséquent, cette écriture de Es 9 :5 ne dit pas que Jésus est le vrai Dieu, Jéhovah, mais elle dit que Jésus est un Dieu puissant comparativement à ses collègues qui n'avaient pas reçu une onction semblable à la sienne, d'une part, et d'autre part, elle dit que Jésus est le Père d'une famille composée d'êtres spirituels et immortels, c'est-à-dire éternels. Puisque l'adage dit : tel père tel fils ; donc fils éternels, père éternel.

Comme Moïse, le Messie, Jésus, est appelé, fait Dieu. Ceci veut dire que le Messie est Dieu par décret. Il ne s'agit pas d'une divinité naturelle, mais d'une divinité juridique, car elle est conférée par la parole, le décret de Dieu à quelqu'un qui n'en a pas l'essence (Ga 4 :8-9).

Qu'il s'agisse d'une divinité juridique, découlant et procédant d'un décret divin, c'est ce qu'attestent les écritures suivantes.

Psaumes 82 :6 :
J'avais dit : Vous êtes des Dieux, vous êtes tous des fils du Très-Haut.

Et Jésus-Christ se référait justement à ce décret pour revendiquer sa divinité :

Jean 10 :33-34 :
N'est-il pas écrit dans votre loi : J'ai dit : Vous êtes des Dieux ? Si elle a appelé Dieux ceux à qui la parole de Dieu a été adressée, et si l'écriture ne peut-être anéantie, celui que le Père a sanctifié et envoyé dans le monde, vous lui dites : tu

blasphèmes ! Et cela parce que j'ai dit : Je suis le fils de Dieu.

Les passages précédents montrent combien l'usage du mot Dieu n'est pas réservé exclusivement à la désignation de l'être Suprême, Jéhovah.

Ils montrent aussi, je l'espère, la valeur juridique de certaines divinités. Un seul est Dieu par son essence : C'est celui de qui nous sommes tous issus. Mais plusieurs sont juridiquement dieux du fait du décret divin qui les a élevés à cette dignité.

Par ailleurs, " il sera appelé un tel " ne signifie pas nécessairement qu'il y ait un lien entre l'appellation et l'essence de la personne. Un exemple d'absence de tel lien est donné en Mt 2 :23 qui, parlant de Jésus lui attribue l'appellation de Nazaréen alors qu'il ne l'était pas réellement. C'est une appellation circonstancielle, accidentelle. Jésus n'était pas originaire de Nazareth. Un simple passage ou même un séjour dans une localité ne confère pas la qualité de ressortissant de celle-ci.

II. 2. REMPLI DE DIVINITE A CAPACITE

Parlant de la divinité de Jésus-Christ, l'écriture sainte suggère l'idée d'un objet qu'on remplit avec une matière.

Colossiens 2 :9 **:**
Car en lui habite corporellement toute la plénitude de la divinité.

Colossiens 1 :19 :
Car Dieu a voulu que toute la plénitude habitât en lui.

II Corinthiens 5 :19 :
Car Dieu était en Christ réconciliant le monde avec lui-même.

Aucune de ces écritures ne déclare que Jésus-Christ est le Très-Haut, la divinité absolue elle-même. Bien plutôt elles distinguent l'Etre de Dieu, celui de Christ et la divinité que Dieu fait habiter en Christ. Elles soulignent également que c'est une mesure pleine et secouée de divinité que Jésus a reçue. Autrement dit, Jésus était rempli de divinité à capacité, à ras bord.

Quiconque déduit de ces écritures que Jésus-Christ est le vrai Dieu doit aussi croire que chacun des chrétiens est individuellement égal au vrai Dieu, car il est écrit à leur sujet qu'ils ont également la plénitude de la divinité :

> ***Ephésiens 3 :19 :***
> *Et connaître l'amour de Christ, qui surpasse toute connaissance, en sorte que vous soyez remplis jusqu'à toute la plénitude de Dieu.(Cf. Ephésiens 1 :22,23).*

Allez-vous encore croire, à la lumière de cette écriture, que le fait pour une personne d'avoir la plénitude de la divinité signifie qu'elle est l'égale du vrai Dieu, Jéhovah ? Non !

Dieu était donc en cet homme ou plutôt en cet homme habitait la divinité à ras bord. Ainsi qu'on s'en aperçoit, Jésus est comparé à un vase que Dieu remplit de divinité jusqu'à concurrence de sa capacité. Il y a trois choses : Celui qui remplit, celui qui est rempli et la chose du remplissage. Il est donc malhonnête de conclure de ces écritures à la divinité absolue de notre Seigneur Jésus-Christ.

II. 3. PAROLE INCARNEE ET NON DESINCARNEE

Une vérité extraordinaire rendant de la manière la plus exacte la nature de Jésus-Christ est déclarée dans le chapitre premier de l'évangile selon Jean, verset quatorze. Mais beaucoup de gens ne l'ont jamais suffisamment analysée. C'est pourquoi je vous invite à lui consacrer quelques minutes de réflexion.

Jean 1 :14 :
Et la parole a été faite chair, et elle a habité parmi nous.

Quelle proportion de la parole a été faite chair selon vous ?

La réponse est évidente : 100 % de la parole ! C'est la parole totalement totale qui était avec Dieu et qui était Dieu qui a été faite chair, pas une fraction de la parole, pas 80 ou 99,99% ; mais toute la parole qui était avec Dieu tout en gardant son indépendance vis-à-vis de lui a été faite chair. Et cependant, le vrai Dieu qui était avec la parole, lui, n'a jamais était fait chair, car il est resté en dehors de cette parole, Dieu devenu chair.

Désormais cette chair ne redeviendra point parole. La place qui était occupée au commencement par cette parole (esprit) revient désormais à la chair glorifiée de Jésus-Christ. C'est ce qu'atteste l'écriture suivante :

Actes 1 :9-11 :

Après avoir dit cela, il fut élevé pendant qu'ils le regardaient, et une nuée le déroba à leurs yeux. Et comme ils avaient les regards fixés vers le ciel pendant qu'il s'en allait, voici, deux hommes vêtus de blanc leur apparurent, et dirent : hommes galiléens, pourquoi vous arrêtez-vous à regarder au ciel ? Ce Jésus qui a été enlevé au ciel du milieu de vous, reviendra de la même manière que vous l'avez vu allant au ciel.

Cette écriture atteste que la parole qui a été faite chair, qui est ensuite morte et qui est ressuscitée pour une vie éternelle, qui a été enlevée au ciel en présence des galiléens, reviendra sur la terre toujours chair. C'est dire que Jésus est une chair, une chair glorieuse, mais une chair quand même.

II. 4. INDEPENDANCE ENTRE DIEU ET JESUS- CHRIST

La confusion que beaucoup de gens entretiennent entre Dieu et Jésus-Christ n'est pas imputable aux écritures saintes, car celles-ci témoignent avec grande exposition de la différence entre les deux personnes.

Jean 8 :17-18 :

Il est écrit dans votre loi que le témoignage de deux hommes est vrai ; je rends témoignage de moi-même et le père qui m'a envoyé rend témoignage de moi.

Jésus recourt à cet argument parce que justement, il existe une différence entre son Père et lui. Il affirme donc que Dieu et lui font deux " hommes distincts". Et conformément à la loi, son témoignage est vrai, car il est rendu et par Dieu et par lui, et non par une seule et même personne. Cet argument ne serait pas valable si Dieu et Jésus étaient une seule et même personne.

Pourquoi veut-on mettre dans la bouche de Jésus des paroles qu'il n'a pas proférées ? Peut- on avoir une meilleure preuve de la distinction entre Dieu le Père et Jésus-Christ ?

Daniel 7 :9-14 :

Je regardais pendant que l'on plaçait des trônes. Et l'ancien des jours s'assit. Son vêtement était blanc comme la neige, et les cheveux de sa tête étaient comme la laine pure ; sont trône était comme des flammes de feu ardent. (…) Je regardais pendant mes visions nocturnes, et voici, sur les nuées des cieux arriva quelqu'un de semblable à un fils de l'homme ; il s'avança vers l'ancien des jours, et on le fit approcher de lui. (…) On lui donna la domination, la gloire et le règne ; et tous les peuples, les nations et les hommes de toutes langues le servirent. Sa domination est une domination éternelle, qui ne passera point, et son règne ne sera jamais détruit

Cette écriture qui fait appel aux vertus de l'audiovisuel dans le traitement de l'information, achève de prouver la distinction entre Jéhovah et Jésus, et surtout le fait que Jésus n'a pas existé de toute éternité, et qu'il est et reste inférieur à Yahvé.

En effet, l'image ne trompe pas et montre deux personnes appelées, l'une, **l'Ancien des jours,** et l'autre, **le Fils de l'homme.** Si nous sommes d'accord que l'Ancien des jours c'est Jéhovah et que le Fils de l'homme c'est Jésus, alors Jéhovah et Jésus sont distincts.

Ensuite, l'image qui ne trompe pas montre l'Ancien des jours en train de donner le pouvoir au Fils de l'Homme. Si donc Jéhovah donne à Jésus le pouvoir cela prouve que celui qui donne est supérieur à celui qui reçoit, selon ce verset de la bible qui dit : « Or c'est sans contredit l'inférieur qui est béni par le supérieur » (Hébreux7 :7).

De plus le fait que Jésus reçoit le pouvoir en présence des milliards de créatures signifie clairement qu'il n'est pas, lui, le propriétaire du pouvoir, le souverain premier de l'univers. Si donc Jésus n'est pas le propriétaire du pouvoir dans l'univers, alors il n'est pas le vrai Dieu.

Bien plus, le fait que Jésus reçoit le pouvoir longtemps après la création du monde, longtemps après l'existence des empires mondiaux comme Babylone, Mèdes-Perses, Grèce, Rome voire les Etats-Unis d'Amérique, car c'est à la fin du monde que cette cérémonie, cette investiture a lieu, alors il y a un temps où Jésus n'existait pas et où il ne régnait nulle part. Car le propriétaire de l'univers ne peut recevoir le pouvoir de régner en présence des créatures ni longtemps après leur existence. Sinon qui gouvernait les choses créées tout le temps qui a précédé cette intronisation ?

Apocalypse 5 :1-10 :
Puis je vis dans la main droite de celui qui était assis sur le trône un livre écrit en dedans et en dehors, scellé de sept sceaux. Et je vis un ange puissant, qui criait d'une voix forte : Qui est digne d'ouvrir le livre et d'en

rompre les sceaux ? Et personne dans le ciel, ni sur la terre, ni sous la terre, ne put ouvrir le livre ni le regarder. Et je pleurai beaucoup de ce que personne ne fut trouvé digne d'ouvrir le livre ni de le regarder. Et l'un des vieillards me dit : Ne pleure point ; voici, le lion de la tribu de Juda, le rejeton de David, a vaincu pour ouvrir le livre et ses sept sceaux. Et je vis, au milieu du trône et des quatre êtres vivants et au milieu des vieillards, un agneau qui était là comme immolé. Il avait sept cornes et sept yeux, qui sont les sept esprits de Dieu envoyés par toute la terre. Il vint, et il prit le livre de la main droite de celui qui était assis sur le trône. Quand il eut pris le livre, les quatre êtres vivants et les vingt-quatre vieillards se prosternèrent devant l'agneau, tenant chacun une harpe et des coupes d'or remplies de parfums, qui sont les prières des saints. Et ils chantaient un cantique nouveau, en disant : Tu es digne de prendre le livre et d'en ouvrir les sceaux ; car tu as été immolé, et tu as racheté pour Dieu par ton sang des hommes de toute tribu, de toute langue, de tout peuple , et de toute nation; tu as fait d'eux un royaume et des sacrificateurs pour notre Dieu, et ils régneront sur la terre.

Cette écriture recourt également à l'image pour nous apprendre qui est Jésus par rapport à Jéhovah. C'est que si la parole, si le son ne rend pas bien les choses, ou s'ils rendent les choses de manière floue ou confuse, l'image tranche une fois pour toutes. En effet, dans ce passage des saintes écritures, l'image montre **quelqu'un qui est assis sur le trône,** et quelqu'un d'autre qu'on appelle **l'agneau.** L'image qui ne trompe pas comme la lettre, montre l'agneau en train de recevoir un livre des mains de **celui qui est assis sur le trône.** Une fois de plus nous retenons que celui qui reçoit, sous condition par surcroît, est nécessairement inférieur à celui qui donne.

Mais ce sont les 4 êtres vivants et les 24 vieillards qui achèvent de prouver qui est le vrai Dieu. En effet, dans leur culte ils adressent à celui qui est assis sur le trône ces paroles qui ne laissent aucun doute sur l'être qu'ils considèrent comme le vrai Dieu. Nous lisons en effet ce qui suit :

***Apocalypse 4 : 9-11** :*
Quand les êtres vivants rendent gloire et honneur et actions de grâces à celui qui est assis sur le trône , à celui qui vit aux siècles

des siècles, les vingt-quatre Anciens se prosternent devant celui qui est assis sur le trône, et ils adorent celui qui vit aux siècles des siècles, et ils jettent leurs couronnes devant le trône, en disant : « Tu es digne, ***notre Seigneur et notre Dieu,*** *de recevoir la gloire et l'honneur et la puissance ;* ***car tu as créé toutes choses, et c'est par ta volonté qu'elles existent et qu'elles ont été créées »***

Qui est le vrai Dieu dans cette image, dans ce film, dans cette vidéo, **celui qui est assis sur le trône** ou l'**agneau** ? En tout cas c'est celui qui est assis sur le trône que les 4 êtres vivants et les 24 anciens appellent leur **Seigneur et leur Dieu**, et ce, en présence de l'agneau, qui est Jésus-Christ. Et c'est à celui qui est assis sur le trône que ces êtres qui sont plus anciens que tous les hommes, attribuent la création de toutes choses en ce compris eux-mêmes, Jésus, tous les anges, les hommes et le reste des créatures visibles et invisibles. Il n' y a plus de mystère ! Jésus n'est pas le vrai Dieu. Le vrai Dieu c'est celui qui était, qui est, et qui vient. Or cette qualité est attribuée à celui qui est assis sur le trône. Finalement cette image attribue à celui qui est assis sur le trône tous les attributs du vrai Dieu. Il ne reste plus rien pour faire de Jésus l'égal de Dieu. Cette écriture précise que

LE VRAI Dieu ne meurt point car il vit aux siècles des siècles, contrairement à Jésus qui avoue très humblement sa mortalité en ces termes : « J'étais mort, et voici, je suis vivant aux siècles des siècles » (Apo 1 :18).

La condition qu'il remplit pour recevoir le livre scellé de sept sceaux prouve en elle-même que Jésus n'est point le vrai Dieu. Les mêmes 24 anciens et 4 êtres vivants, après avoir magnifié le vrai Dieu, s'adressent à l'agneau en disant :

> ***Apo 5 :9-10 :***
> *Tu es digne de recevoir le livre et d'en ouvrir les sceaux ; car tu as été immolé, et tu as racheté pour Dieu par ton sang des hommes de toute tribu, de toute langue, de tout peuple et de toute nation ; tu as fait d'eux un royaume et des sacrificateurs pour notre Dieu, et ils régneront sur la terre.*

Nous sommes dans un film. Quand ces anciens sont en train de parler ainsi à Jésus, ils le vantent pour ce qu'il a pu faire pour leur Dieu. C'est qui leur Dieu ? Est-ce Jésus ? Non, c'est celui qui est assis sur le trône. Donc Jésus n'est pas le vrai Dieu. Car personne ne peut imposer la mort au vrai Dieu pour qu'il reçoive un bien quelconque, en l'occurrence un livre. Et sachant que ce livre symbolise le pouvoir, nous comprenons que cette vision rejoint celle de Dan7 : 9-14, qui affirme que le Fils de l'homme, ou l'agneau, c'est-à-dire Jésus-Christ, n'est pas le propriétaire du pouvoir dans l'univers. Par voie de conséquence, Jésus n'est pas le vrai Dieu.

Matthieu 3 :17 :
Et voici, une voix fit entendre des cieux ces paroles : Celui-ci est mon fils, mon bien-aimé, en qui j'ai mis toute mon affection.

Matthieu 12 :18 :
Voici mon serviteur que j' ai choisi, mon bien-aimé en qui mon âme a pris plaisir. Je mettrai mon esprit sur lui, et il annoncera la justice aux nations.

Matthieu 17 :5 :
Comme il parlait encore, une nuée lumineuse les couvrit. Et voici, une voix fit entendre de la nuée ces paroles : Celui-ci est mon fils bien-aimé, en qui j'ai mis toute mon affection.

Actes 7 :54-55 :
…et ils grinçaient des dents contre Etienne. Mais lui, rempli de l' esprit saint,

fixait le ciel; il vit la gloire de Dieu et Jésus débout à la droite de Dieu.

Hébreux 1 :3 :
Et qui, étant le reflet de sa gloire, et l'empreinte de sa personne, et soutenant toutes choses par sa parole puissante, a fait la purification des péchés et s' est assis à la droite de la majesté divine dans les lieux très-hauts.

Hébreux 10 :12-13 :
Lui, après avoir offert un seul sacrifice pour les péchés, s'est assis pour toujours à la droite de Dieu, attendant désormais que ses ennemis soient devenus son marche- pied.

2 Thessaloniciens 2 :16-17 :
(Conjugaison au pluriel…) Que notre Seigneur Jésus-Christ lui-même, et Dieu notre Père, qui nous a aimés, et qui nous a donné par sa grâce une consolation éternelle et une bonne espérance, ***consolent*** *vos cœurs, et vous* ***affermissent*** *en toute bonne œuvre et en toute bonne parole.*

La conjugaison des verbes consoler et affermir à la troisième personne du pluriel confirme, à elle seule, que Jéhovah et Jésus-Christ sont deux entités distinctes.

Comme on le voit, les écritures examinées dans ce paragraphe soutiennent l'existence simultanée de Dieu et de Jésus, et donc leur indépendance réciproque.

CHAPITRE III

LIMITES DE JESUS - CHRIST

III. 1 DIEU EST PLUS GRAND QUE JESUS

On peut distinguer Dieu de Jésus-Christ à partir du critère de grandeur. Qui est le plus grand, Dieu ou Jésus ? Les écritures ci-après répondent.

Matthieu12 :32 :
Quiconque parlera contre le fils de l'homme, il lui sera pardonné ; mais quiconque parlera contre le Saint-Esprit, il ne lui sera pardonné ni dans ce siècle ni dans le siècle à venir.

1 Corinthiens 11 :3 :
Je veux cependant que vous sachiez que Christ est le chef de tout homme, que l'homme est le chef de la femme, et que ***Dieu est le chef du Christ.***

1 Corinthiens 15 :24-27 :
Ensuite viendra la fin, quand il remettra le royaume à celui qui est Dieu et Père, après avoir détruit toute domination, toute

autorité et toute puissance. Car il faut qu'il règne jusqu'a ce qu'il ait mis tous les ennemis sous ses pieds. Le dernier ennemi qui sera détruit c'est la mort. Dieu, en effet, a tout mis sous ses pieds. Mais lorsqu'il dit que tout lui a été soumis, ***il est évident que celui qui lui a soumis toutes choses est excepté.***

Hébreux 1 :8-9 :

Mais il a dit au fils : Ton trône, ô Dieu, est éternel. Le sceptre de ton règne est un spectre d'équité. Tu as aimé la justice et tu as haï l'iniquité. C'est pourquoi, ***ô Dieu, ton Dieu t'a oint d'une huile de joie au-dessus de tes égaux.***

Hébreux 2 :8 :

Tu as mis toutes choses sous ses pieds. En effet, en lui soumettant toutes choses, Dieu n'a rien laissé qui ne lui fût soumis. Cependant, ***nous ne voyons pas encore maintenant que toutes choses lui soient soumises.***

Jean 20 :17 :

Jésus lui dit : Ne me touche pas; car je ne suis pas encore monté vers mon Père. Mais va trouver mes frères, et dis-leur que

je monte vers mon Père et votre Père, vers mon Dieu et votre Dieu.

Jean 14 :28 :
Vous avez entendu que je vous ai dit : Je m'en vais et je reviens vers vous. Si vous m'aimez, vous vous réjouiriez de ce que je vais au Père ; ***car le Père est plus grand que moi.***

Jean 5 :30 :
Je ne puis rien faire de moi-même : Selon que j'entends, je juge ; et mon jugement est juste, parce que ***je ne cherche pas à faire ma volonté, mais la volonté de celui qui m'a envoyé.***

Matthieu 20 :23 :
Et il leur a répondu : Il est vrai que vous boirez ma coupe ; mais pour ce qui est d'être assis à ma droite et à ma gauche, cela ne ***dépend pas de moi, et ne sera donné qu'à ceux à qui mon père l'a réservé.***

Ces écritures enseignent que le vrai Dieu occupe un rang inégalé et inégalable, et que Jésus-Christ lui est soumis, non seulement quand il était sur la terre, mais maintenant même qu'il est reçu au ciel, et il le restera éternellement.

III. 2. LE SERMENT

Le serment est un autre critère important qui indique l'infériorité de Jésus-Christ par rapport à l'Eternel Jéhovah. Jéhovah n'a pas de plus grand que lui, aussi ne peut-il jurer par un autre. Mais Jésus jure par Jéhovah, démontrant ipso facto sa condition de subalterne de Dieu.

> ***Apocalypse 10 :5 :***
> *Et l'ange que je voyais débout sur la mer et sur la terre, leva sa main droite vers le ciel et jura par celui qui vit aux siècles des siècles...*
>
> ***Hébreux 5 :13 :***
> *Lorsque Dieu fit la promesse à Abraham, ne pouvant jurer par un plus grand que lui, il jura par lui-même.*

III. 3. LA VOLONTE

Dieu et Jésus ont chacun simultanément, sa propre volonté. Mais c'est la volonté de Jéhovah qui a la préséance. Ce qui prouve qu'ils sont deux personnes distinctes et hiérarchisées.

Matthieu 26 :39, 42 :
Puis, ayant fait quelques pas en avant, il se jeta sur sa face, et pria ainsi: Mon Père, s'il est possible, que cette coupe s'éloigne de moi ! ***Toutefois, non pas ce que je veux, mais ce que tu veux.***

Luc 22 :42 :
Disant: Père, si tu voulais éloigner de moi cette coupe ! ***Toutefois, que ma volonté ne se fasse pas, mais la tienne.***

Hébreux 10 :6-7 :
Tu n'as agréé ni holocaustes ni sacrifices pour le péché. Alors j'ai dit: Voici, je viens (Dans le rouleau du livre il est question de moi) ***pour faire, ô Dieu, ta volonté.***

Jean 7 :16 :
Jésus leur répondit: Ma doctrine n'est pas de moi, mais de celui qui m'a envoyé.

Jean 5 :19-21, 30 :
Jésus reprit donc la parole, et leur dit: En vérité, en vérité, je vous le dis, ***le Fils ne peut rien faire de lui-même, il ne fait que ce qu'il voit faire au Père;*** *et tout ce*

que le Père fait, le Fils aussi le fait pareillement. Car le Père aime le Fils, et lui montre tout ce qu'il fait; et ***il lui montrera des œuvres plus grandes que celles-ci, afin que vous soyez dans l'étonnement.*** *Car, comme le Père ressuscite les morts et donne la vie, ainsi le Fils donne la vie à qui il veut. Je ne puis rien faire de moi-même: selon que j'entends, je juge; et mon jugement est juste, parce que je ne cherche pas ma volonté, mais la volonté de celui qui m'a envoyé.*

III. 4 LA TENTABILITE

Entre Dieu et Jésus il y en a un qui ne peut être tenté et un autre qui peut subir la tentation. La tentabilité de Jésus démontre qu'il n'est pas le vrai Dieu, car celui-ci ne peut être tenté selon qu'il est écrit :

Jacques 1 :13 :
Que personne, lorsqu'il est tenté, ne dise: C'est Dieu qui me tente. Car Dieu ne peut être tenté par le mal, et il ne tente lui-même personne.

Luc 4 :1, 2,13 :
Jésus, rempli du Saint Esprit, revint du Jourdain, et il fut conduit par l'Esprit dans le désert, où ***il fut tenté par le diable pendant quarante jours.***

Hébreux 4 :15 :
Car nous n'avons pas un Souverain Sacrificateur qui ne puisse compatir à nos faiblesses; au contraire, ***il a été tenté comme nous en toutes choses, sans commettre de péché.***

III. 5. L'OMNISCIENCE

Dieu seul est omniscient, mais non Jésus.

Marc 13 :32 :
Pour ce qui est du jour … personne ne le sait, ni les anges…, ni le Fils, mais le Père seul.

Hébreux 5 :7-8 :
(Christ) a appris, *bien qu'il fût Fils, l'obéissance par les choses qu'il a souffertes.*

Apocalypse 5 :3-8 :
Et personne dans le ciel, ni sur la terre, ni sous la terre, ne put ouvrir le livre ni le regarder. Et je pleurai beaucoup de ce que personne ne fut trouvé digne d'ouvrir le livre ni de le regarder. Et l'un des vieillards me dit: Ne pleure point; voici, le lion de la tribu de Juda, le rejeton de David, a vaincu pour ouvrir le livre et ses sept sceaux. (…) Et je vis, au milieu du trône et des quatre êtres vivants et au milieu des vieillards, un agneau qui était là comme immolé. Il vint, et il prit le livre de la main droite de celui qui était assis sur le trône. Quand il eut prit le livre, les quatre êtres vivants et les vingt-quatre vieillards se prosternèrent devant l'agneau …

Remarquez que tout un livre rédigé par Jéhovah est resté longtemps ignoré par Jésus-Christ. Si l'on pense qu'un livre est une somme considérable de connaissances, d'informations, d'idées, on peut en déduire aisément que les connaissances de Jésus représentent une goutte d'eau dans la mer de la sagesse infinie de Jéhovah. C'est dire que notre Seigneur Jésus était sous informé sur beaucoup de choses concernant l'univers jusqu'au jour où il est entré en possession de ce livre magnifique. De plus, l'accès de Jésus à ce livre lui conférant l'autorité royale, on peut en déduire que ces connaissances sont d'une valeur extrêmement importante et qu'en conséquence, jusqu'au jour de sa réception Jésus caressait des connaissances d' un niveau bas par rapport au vrai Dieu. Ce qui confirme la supériorité de Jéhovah.

III. 6. LA ROYAUTE

La différence entre Dieu et Jésus se remarque aussi sur le plan de leur royauté respective. Dieu règne de toute éternité contrairement à Jésus dont le règne commence quelque part dans le temps, longtemps après l'existence des cieux. De plus, le vrai Dieu ne reçoit sa royauté de personne, tandis que Jésus doit la sienne à Jéhovah .

> ***1 Timothée 1 :17 :***
> *Au roi des siècles, **immortel, invisible, seul Dieu,** soient honneur et gloire aux siècles des siècles. Amen !*

Luc 1 :23-36 :

L'ange lui dit : Ne crains point, Marie, car tu as trouvé grâce devant Dieu. Et voici, tu deviendras enceinte et tu enfanteras un fils, et tu lui donneras le nom de Jésus. Il sera grand et sera appelé fils du Très-Haut, et le Seigneur ***Dieu lui donnera le trône de David, son père.*** *Il régnera sur la maison de Jacob éternellement, et son règne n'aura point de fin.*

Ps 47 :9 :

Dieu règne sur les nations, Dieu a pour siège son saint trône.

Dan 7 :14 :

On lui donna la domination, la gloire et le règne. Et tous les peuples, les nations, et les hommes de toutes langues le servirent. Sa domination est une domination éternelle qui ne passera point, et son règne ne sera jamais détruit.

Ce texte aurait suffi normalement pour démontrer que Jésus-Christ est à la fois subalterne et distinct de Jéhovah, Dieu. En effet , le fait que Jésus allait recevoir la royauté longtemps après la création des mondes et, de surcroît, en présence d'une foule innombrable des créatures, achève de prouver que notre Seigneur Jésus-Christ n' est pas le vrai Dieu . En vérité, le vrai Dieu règne de toute éternité, et ne reçoit son investiture de personne.

Juges 8 :22-23 :
Les hommes d'Israël dirent à Gédéon : Domine sur nous, et toi, et ton fils, et le fils de ton fils, car tu nous as délivrés de la main de Madian. Gédéon leur dit : Je ne dominerai point sur vous, et mes fils ne domineront point sur vous ; ***c'est l'Eternel qui dominera sur vous.***

Hébreux 2 :8 :
Tu as mis toutes choses sous ses pieds. En effet, en lui soumettant toutes choses, Dieu n'a rien laissé qui ne lui fût soumis. Cependant, ***nous ne voyons pas encore maintenant que toutes choses lui soient soumises.***

Cette écriture jette une lumière spéciale sur les pouvoirs donnés à notre sauveur Jésus, et montre clairement que le pouvoir dont il est question en Matthieu 28 :18-19 est restreint à la dimension sacerdotale

Notez bien ceci : Depuis sa résurrection, Jésus est couronné de gloire et d'honneur à cause de la mort qu'il a soufferte pour tous. (Hébreux 2 :9). Quant à la domination des éléments, Jésus devait attendre l'époque prévue par Dieu pour être solennellement intronisé. Donc ne confondons pas gloire et domination, ni honneur et domination.

Daniel 5 :21 :
Il fut chassé du milieu des enfants des hommes, son cœur devint semblable à celui des bêtes, et sa demeure fut avec les ânes sauvages ; on lui donna comme aux bœufs de l' herbe à manger, et son corps fut trempé de la rosée du ciel, jusqu'à ce qu'il reconnût que le ***Dieu Suprême domine sur le règne des hommes et qu'il le donne à qui il lui plaît.***

I Samuel 8 :17 *:*
L'Eternel dit à Samuel : Ecoute la voix du peuple dans tout ce qu'il te dira ; car ce n' est pas toi qu'ils rejettent, ***c'est moi qu'ils rejettent, afin que je ne règne plus sur eux.***

Cette écriture montre que Jéhovah régnait depuis longtemps sur Israël, jusqu'à ce qu'ils le rejetassent à l'époque de Samuel (Voir aussi 1 Samuel 12 :12). Pendant ce temps le règne de Jésus était encore un simple projet de Dieu.

CHAPITRE IV

LA GRAMMAIRE BIBLIQUE DEVOILE JESUS-CHRIST

Les difficultés de compréhension de la parole de Dieu par beaucoup de gens ne relèvent pas d'un langage spirituel employé expressément par les prophètes dans le but de nuire à la compréhension de la vérité, mais elles sont, à y regarder de très près, d'ordre purement linguistique. Ne comprenant pas ou ne maitrisant pas assez le mécanisme des langues, ils imputent leurs difficultés au mystère divin. En vérité, la restriction de la compréhension de l'écriture, imposée par Dieu lui-même, en vertu de Marc 4 :10-11, pour limiter les conversions, ne réside ni dans le mot, ni dans l'expression, mais dans l'éparpillement des écritures traitant d'un même sujet, en sorte qu'elles doivent être rassemblées pour pouvoir dégager une compréhension totale et parfaite. C'est ce que le prophète Esaïe avait été poussé par l'Esprit saint à écrire :

Esaïe 28 :9-10,13 :
Car c'est préceptes sur préceptes, préceptes sur préceptes, règles sur règles, un peu ici, un peu là, afin qu'en marchant ils tombent à la renverse et se brisent, afin qu'ils soient enlacés et pris.

C'est qu'un travail littéraire, je dirais même scientifique, préparatoire des textes bibliques est recommandé pour rassembler les différentes pièces d'un sujet donné, afin d'obtenir une bonne compréhension de la parole divine. Ensuite, il faut connaitre et respecter la valeur des mots et les règles d'expression de la pensée.

C'est ainsi qu'une application des règles de la grammaire démontre que Jésus n'est pas le vrai Dieu. Le recours à l'argument grammatical s'impose avec autant de force que les saints prophètes de Dieu se sont servis des règles établies par des " païens " pour véhiculer le message divin. Tout le monde sait qu'aucun prophète n'a créé une langue propre aux révélations divines. Le fait que Dieu lui-même utilise nos langues en respectant scrupuleusement nos règles prouve que celles-ci sont dignes de foi. Les mots et les règles de nos langues doivent nous aider à comprendre la parole de Dieu, car en les utilisant, Dieu ne leur donne pas une nouvelle valeur, pas plus qu'il ne leur change point de sens.

D'ailleurs Dieu exalte-t-il la valeur de nos langues en ces termes :

> ***1 Corinthiens 14 : 10 :***
> *Quelque nombreuses que puissent être dans le monde les diverses langues, il n'en est aucune qui ne soit intelligible.*

Une règle de grammaire employée par un auteur biblique vaut la même chose que si elle était employée par un académicien. Et une règle de grammaire mal employée par un auteur biblique vaudrait un péché pouvant lui causer la perte du salut éternel, car il induirait de ce fait beaucoup de gens en erreur.

Nous pouvons donc, avec la bénédiction divine, nous servir des accords grammaticaux, des rôles et relations des mots dans les phrases ayant trait au rapport entre Dieu et Jésus pour établir leur différence.

IV. 1. ESAIE ET LA GRAMMAIRE

Esaïe 42 :1,5 :
Voici mon serviteur, que je soutiendrai, mon élu en qui mon âme prend plaisir. J'ai mis mon esprit sur lui. Il annoncera la justice aux nations. Ainsi parle Dieu, l'Eternel.

Voilà un texte où il est parlé du Christ en tant que serviteur de Dieu. Intéressons-nous spécialement au mot " lui ". Lui est un pronom personnel qui désigne et remplace le Christ, appelé dans le texte de référence : " Mon serviteur ", et indique qu'il s'agit d'un être autre que celui qui parle, Dieu. Donc il marque grammaticalement une différence entre le Christ et Dieu.

IV. 2. L'APOTRE JEAN ET LA GRAMMAIRE

Apocalypse 14 :1 :
Je regardais, et voici, l'agneau se tenait sur la montagne de Sion, et avec lui cent quarante- quatre mille personnes qui avaient son nom et le nom de son Père écrits sur leurs fronts.

Le mot "son" est un adjectif possessif, se rapportant à l'agneau; il exprime le rapport d'appartenance entre Dieu et Jésus, et exige l'indépendance réciproque des deux personnes. Le mot « écrits » se met au pluriel pour indiquer qu' il y a une somme de noms : deux noms au total, l'un de Dieu et l' autre de Jésus. Ces deux noms n'étant pas égaux à Jésus, on conclut également que leurs porteurs sont également différents.

I Jean 1 :3 :
Or notre communion est avec le Père et avec son Fils.

On peut noter que cette communion simultanée des chrétiens avec Dieu et avec Jésus trahit la simultanéité de l'existence de Dieu et Jésus. Ce qui accrédite la thèse que nous soutenons avec force, à savoir que Dieu et Jésus sont distincts.

I Jean 5 :20 :
Nous savons que le fils de Dieu est venu, et qu'il nous a donné l'intelligence pour connaître le véritable; et nous sommes dans le véritable en son fils Jésus-Christ. C'est lui qui est le Dieu véritable, et la vie éternelle.

Ce verset est fréquemment cité par ceux qui soutiennent que Jésus est le Très-Haut. Cependant, fonder une telle croyance sur cette écriture c'est pécher contre la grammaire.

En effet, l'analyse grammaticale de cette écriture montre que le mot lui est un pronom personnel. A ce titre, il a pour rôle dans cette phrase de remplacer un nom. Etant à la troisième personne du singulier, ce pronom remplace la personne dont on parle, c'est- à- dire Dieu, le Père de Jésus-Christ.

Il y a deux méthodes simples pour sortir de cette difficulté grammaticale. La première consisterait à construire cette écriture dans un style terre à terre , sans en altérer le sens. Nous pourrions alors lire *: Nous savons que le fils de Dieu est venu, et qu' il nous a donné l' intelligence pour connaître le véritable ; et nous sommes dans le véritable en Jésus-Christ, le Fils de Dieu. C'est celui dont Jésus-Christ est le fils qui est le Dieu véritable, et la vie éternelle.*

Nous espérons que nous n'avons pas modifié le sens de l'écriture considérée. Et pourtant, construite de cette façon, elle ne permet pas un seul instant de croire que Jésus-Christ soit le Dieu véritable.

Une autre présentation de la même écriture serait *: Nous savons que le fils de Dieu est venu, et qu'il nous a donné l'intelligence pour connaître le véritable ; et nous sommes dans le véritable en son fils Jésus-Christ. C'est le fils de Dieu qui est le Dieu véritable, et la vie éternelle.*

Dans cette nouvelle construction, qui est du reste fidèle au sens donné au verset par les défenseurs de la doctrine de la divinité absolue de Jésus, on note une absurdité, celle de faire croire que le fils de Dieu est le Dieu véritable; car cela signifierait que le Père n'est pas Dieu, et que par conséquent, le Fils est plus grand que le Père. Chose que n' appuie aucune écriture de la Genèse à l' Apocalypse.

Donc 1 Jean 5 :20 confirme que Jésus-Christ n'est pas le vrai Dieu, cette qualité revenant d'office à son Père.

Apocalypse 3 :12 :

Celui qui vaincra… j'écrirai sur lui le nom de mon Dieu, et le nom de la ville de Mon Dieu, … et mon nom nouveau.

Deux fois Jésus emploie dans cette écriture l'adjectif "mon" joint à Dieu. Cet adjectif renvoie à Jésus pour souligner que le vrai Dieu est aussi le Dieu de Jésus-Christ. Certains disent que Jésus reconnaissait son statut de Fils et partant sa position relativement inférieure à Dieu le Père seulement et parce qu'il était sur la terre. Mais une fois retourné au ciel, il a recouvré son statut de Dieu le Père. Ceci n'est pas évident. Car en progressant avec la lecture du troisième chapitre de l' apocalypse, on constate qu' une telle thèse est totalement fausse. En effet, au verset 21, tout en affirmant qu' il est actuellement au ciel, Jésus-Christ continue à revendiquer son statut de fils de Dieu. Alors gardez-vous de mettre dans la bouche du Seigneur ce qu'il n'a pas déclaré. Ce n'est pas respectueux pour une haute autorité comme lui.

> ***I Jean 1 :17 :***
> *Mais si nous marchons dans la lumière, comme il est lui-même dans la lumière, nous sommes mutuellement en communion, et le sang de Jésus, son Fils, nous purifie de tout péché.*

Le mot français "son" joint au nom Fils est un adjectif possessif. Il se rapporte à fils pour marquer l'appartenance du Fils à la personne dont on parle dans le texte. C'est d'ailleurs pour indiquer que le propriétaire du Fils est une autre personne que celle qui parle, Jean, que l'adjectif possessif se met à la troisième personne du singulier. Or le groupe de mots " son fils " est une **apposition** à Jésus et dans ce sens complète et détermine qui est Jésus. Jésus n'est donc pas le vrai Dieu, car il est et reste le fils de ce dernier.

Apocalypse 3 :21 :
Celui qui vaincra, je le ferai asseoir avec moi sur mon trône, comme moi j'ai vaincu et me suis assis avec mon Père sur son trône.

Dans cette phrase, l'adjectif " mon " est employé deux fois : la première fois, il se rapporte à " trône ", la seconde à " père ". Dans les deux cas il marque l'idée d'appartenance et non d'égalité. Le trône appartient à celui qui parle, Jésus, tout comme le Père lui appartient. Aucune personne douée de bon sens et connaissant tant soit peu le mécanisme linguistique ne peut se permettre de déduire de l'expression " mon trône " un rapport d'égalité entre le sujet et le trône. Pourquoi ne veut-on pas garder la même logique et déduire de “mon père” une différence entre le même sujet qui parle, Jésus-Christ, et le vrai Dieu, qui est son Père ? Mais des gens continueront à sonder l’écriture sainte croyant pouvoir y trouver des évidences sur la supériorité du vrai Dieu, Jéhovah, sur notre Seigneur Jésus. Peut-on sincèrement imaginer des évidences plus triviales que celles mises en exergue par ces leçons de grammaire ?

Du reste, s’asseoir avec quelqu’un sur son trône n’est pas lui être égal, ni le remplacer. S’il en était autrement, vous aussi lorsque vous vous assiérez avec Jésus sur son trône vous deviendrez Jésus lui-même. Ce qui est absurde et commande beaucoup de bon sens quand on interprète la parole de Dieu.

Apocalypse 7 :10 *:*
Et ils criaient d’une voix forte, en disant : Le salut est à notre Dieu qui est assis sur le trône et à l’agneau.

Analysons la proposition : Le salut est à
: -notre Dieu et à
: -l’agneau.

La conjonction de coordination “ et ” joint et met en rapport le groupe de mots “ à notre Dieu

" et le groupe de mots " à l'agneau ". Ces deux groupes de mots ont la même fonction dans la proposition. Donc ils sont différents. L'évidence de cette différence entraîne celle de Dieu et Jésus, l'agneau.

> ***Apocalypse 6 :16-17 :***
> *Et ils disaient aux montagnes et aux rochers : Tombez sur nous, et cachez-nous devant la face de celui qui est assis sur le trône, et devant l'agneau : Car le jour de leur colère est venue, et qui peut subsister ?*

L'analyse de cette phrase nous donne une occasion de plus de conclure que Dieu et Jésus-Christ sont deux personnes distinctement distinctes. Cela ressort de l'emploi du possessif " leur " se rapportant à la colère et établissant le rapport d'appartenance de la colère aux personnes dont on parle. Si la colère appartenait à une seule personne, c'est l'adjectif possessif " sa " qui serait utilisé. Une fois de plus, l' auteur de cette phrase, que ce soit Dieu, qui en est la source, ou l'esprit saint, qui en est le communicateur, ou encore l'apôtre Jean, qui en est l'écrivain, en observant cette règle de notre grammaire, nous apprend ipso facto que le vrai

Dieu est une personne autre que notre Seigneur Jésus.

IV. 3. L'APOTRE PAUL ET LA GRAMMAIRE

Philippiens 1 :2,11 :
Que la grâce et la paix vous soient données de la part de Dieu notre Père et du Seigneur Jésus-Christ.

Nous pouvons présenter cette phrase autrement sans en altérer le sens. Nous pouvons l'écrire comme suit : Puissent Dieu notre Père et notre Seigneur Jésus-Christ vous donner la paix et la grâce.

Savez-vous pourquoi le verbe pouvoir s'accorde en nombre avec Dieu et Jésus-Christ ? C'est parce que ces deux personnes sont distinctes. Tel est le rôle joué par la conjonction “ et ” qui coordonne et met ensemble les deux personnes qui sont le sujet pluriel du verbe pouvoir. A noter en outre que la phrase suggère l'idée de simultanéité du don de la paix et de la grâce par Dieu et Jésus : la grâce et la paix sont données en même temps par Dieu notre Père et par notre Seigneur Jésus-Christ. C'est qu'au moment où vous lisez cet écrit, le vrai Dieu et Jésus sont deux existences séparées.

***2 Thessaloniciens 2 :16, 17** :*
Que notre Seigneur Jésus-Christ lui-même, et Dieu notre Père ... consolent vos cœurs et vous affermissent...

85 Notons ici que la conjugaison des verbes consoler et affermir à la troisième personne du pluriel indique que le sujet est aussi au pluriel, donc Dieu et Jésus sont deux personnes différentes et distinctes qui agissent simultanément dans les activités chrétiennes. **Ceci porte un coup mortel à la doctrine des trois fonctions successives de Dieu, prônées dans les milieux chrétiens modernes en mal du sensationnel.**

IV. 4. LES ESPRITS IMPURS ET LA GRAMMAIRE

Nous avons retenu ici le témoignage des esprits impurs parce que Jésus dit à leur sujet qu'ils le connaissent parfaitement.

Marc 1 :34 :
Il guérit beaucoup de gens qui avaient diverses maladies ; il chassa aussi beaucoup de démons, et il ne permettait pas aux démons de parler parce qu'ils le connaissaient.

Contrairement aux hommes qui avaient besoin d'un prophète pour leur faire connaitre le Messie, les esprits impurs, eux, connaissaient Jésus pour avoir vécu avec lui des siècles durant dans le monde spirituel. Par conséquent, ce qu'ils disaient au sujet de la nature et de la position de Jésus dans l'univers était exact. Voici ce que l'un d'eux dit de Jésus en rapport avec Dieu :

Marc 1 :24 :
Qu'y a-t-il entre nous et toi, Jésus de Nazareth ? Tu es venu pour nous perdre. Je sais qui tu es : Le saint de Dieu.

Dans le groupe de mots " saint de Dieu " de est une préposition marquant un rapport d'appartenance de saint à Dieu. Ce qui fait comprendre que Dieu et Jésus sont distincts.

IV. 5. L'APOTRE PIERRE ET LA GRAMMAIRE

I Pierre 1 :21 :
… Qui par lui (Jésus) croyez en Dieu, lequel (Dieu) l' (Jésus) a ressuscité des morts et lui a donné la gloire en sorte que votre foi et votre espérance reposent sur Dieu.

Matthieu 16 :16-17 :
Simon Pierre répondit : Tu es le Christ, le fils du Dieu vivant. Jésus reprenant la parole, lui dit : Tu es heureux, Simon, fils de Jonas…

Dans ces deux phrases nous retrouvons le groupe de mots : "Fils de". Grammaticalement, ce groupe de mots a la même valeur dans les deux cas. Si pour Simon les mots " Fils de Jonas " signifie que Simon est tout à fait différent de Jonas, de même pour le Christ il signifie qu'il est différent du Dieu vivant, son Père.

Aussi bien dans " le fils du Dieu vivant " que dans " Fils de Jonas ", le mot de liaison est " de " qui est une préposition dont le rôle est de marquer un rapport entre Fils et Dieu, ou Fils et Jonas. Cette préposition introduit un complément de Dieu et exprime que Dieu possède le Christ, comme un homme posséderait une propriété quelconque.

Et suivant la grammaire, un complément déterminatif désigne nécessairement un autre être ou objet que le nom qu'il complète. En vertu de cette loi, connue, acceptée et observée par l'Etre suprême lui-même, Dieu, il est évident que dans la phrase analysée Dieu doit être, et est, un être différent du Christ. L'apôtre Pierre connaissait bien cette règle et l'a appliquée pour enseigner que Jésus-Christ n'est pas le vrai Dieu.

1 Pierre 1 :3 :
Béni soit Dieu, le Père de notre Seigneur Jésus-Christ.

Dans cette phrase, le mot " de " introduit un rapport d'appartenance entre Père et Seigneur Jésus-Christ : Le Père dont il est question appartient à notre Seigneur Jésus-Christ. Prenez cette phrase où il est question de Dieu et de Jésus : remplacez Dieu et Jésus par Pierre et Paul, ou si vous voulez, par Abel et Noé, Abraham et Lot, Moïse et Aaron,... Est-il raisonnable, en respectant les règles de la grammaire, de conclure, suivant l'idée exprimée dans la phrase, que Lot et Abraham sont, forment un même être ?

Toutes ces règles ont été soigneusement observées par les auteurs bibliques pour nous communiquer une information vraie et exacte sur la position de Christ-Jésus par rapport au vrai Dieu. Ces auteurs n'ont pas appliqué ces règles pour nous égarer. Car la bible a été écrite pour notre salut et non pas pour notre perdition (1 Tim 3 :16).

CHAPITRE V

LA HIERARCHIE DANS L'UNIVERS

L'écriture enseigne que l'univers est si bien organisé que toute chose y a sa place. Elle révèle par conséquent la position de Jésus dans cette macro-société.

Hébreux 12 :22-24 :
Mais vous vous êtes approchés de la montagne de Sion, de la cité du Dieu vivant, la Jérusalem céleste, des myriades qui forment le chœur des anges, de l'assemblée des premiers-nés inscrits dans les cieux, du juge qui est le Dieu de tous, des esprits des justes parvenus à la perfection, de Jésus qui est le médiateur de la nouvelle alliance, et du sang de l'aspersion qui parle mieux que celui d'Abel.

Cette section de l'écriture détaille d'une manière saisissante les différentes forces spirituelles qui sont au centre de l'univers, chacun à son rang. Tout naturellement elle place Jéhovah au rang qui lui convient, le premier.

Il y a sept individus dans cette énumération :

1) Montagne de Sion ;
2) Jérusalem céleste (ou la Cité du Dieu vivant) ;
3) Anges ;
4) Premiers-nés ;
5) Dieu ;
6) Esprits des justes ;
7) Jésus.

S'agissant d'un dénombrement, les sept espèces citées ci-dessus sont nécessairement distinctes. Car pour être valable, une énumération doit exposer des éléments absolument différents. Par conséquent, le fait de citer dans cette collection Dieu à côté de Jésus prouve qu'ils sont différents. Ce qui démontre notre proposition.

CHAPITRE VI :

SI JESUS EST LE DIEU TRES-HAUT POURQUOI A-T-IL ETE BAPTISE DU SAINT-ESPRIT ?

Nous avons montré avec grande exposition que Jésus-Christ n'est pas le Dieu Très-Haut. Mais les enfants de Satan ne comprennent pas. Ils brandissent toujours des versets qui semblent dire que Jésus est Dieu sans préciser qu'il est le Très-Haut. Et ils concluent que Jésus est le Dieu Suprême.

Voici une autre démonstration établissant que Jésus n'est pas le Très-Haut. Elle part d'une question qui, elle-même, découle d'un constat. Jésus, en effet, a été baptisé du Saint-Esprit. Et ce baptême a été donné pour signaler qu'il est le Fils de Dieu et non le Dieu Très-Haut.

Jean a rendu témoignage en disant : Je ne le connaissais pas, mais celui qui m'a envoyé baptiser d'eau (c'est-à-dire le Très-Haut), celui-là m'a dit : Celui sur qui tu verras l'Esprit descendre sous la forme d'une colombe et s'arrêter, c'est celui qui baptise du Saint-Esprit. Et j'ai vu et j'ai rendu témoignage qu'il est le Fils de Dieu. Jean a donc vu et il a rendu témoignage que Jésus est le Christ, le Fils de Dieu, l'Agneau de Dieu, qui ôte le péché du monde (Jean 1 :29-34, 36, Mt 3 :16-17).

Question :

La question que l'on est en droit de se poser est la suivante : Si Jésus est le Dieu Très-Haut, pourquoi a-t-il été baptisé du Saint-Esprit ?

Le Dieu Très-Haut a-t-il besoin d'être baptisé du Saint-Esprit ? Pour recevoir quoi ? Pour devenir qui ? Pour faire quoi ? Avant le baptême d'Esprit est-il égal à après le baptême d'Esprit pour un être, en l'occurrence Jésus ?

Le fait de recevoir le baptême d'Esprit signifie que Jésus manquait quelque chose pour être complet, pour être parfait. Ce manque prouve en lui-même que Jésus n'est pas le Dieu Très-Haut, car Celui-ci ne manque rien.

Par ailleurs, si Jésus est le Dieu Très-Haut, pourquoi priait-il Dieu ? En particulier, pourquoi pria-t-il après avoir reçu son baptême d'eau ? En effet, Luc rend compte de cet événement de la manière suivante.

Luc 3 :21 – 22 :
Tout le peuple se faisait baptiser, Jésus fut aussi baptisé ; et, ***pendant qu'il priait****, le ciel*

s'ouvrit, et le Saint-Esprit descendit sur lui sous une forme corporelle, comme une colombe. Et une voix fit entendre du ciel ces paroles : Tu es mon Fils bien-aimé ; en toi j'ai mis toute mon affection.

Dans cette écriture on voit bien le dispositif connu de tous les communicateurs, savoir un émetteur, un récepteur, un canal et un message. Jésus est l'émetteur, le Très Haut est le récepteur. L'événement Baptême d'eau est le canal. La communication se passe sans bruit, sans parasite, parce que nous constatons qu'au message de Jésus correspond un feed-back : car le Très Haut répond immédiatement à la prière de Jésus, en disant : **Tu es mon Fils bien-aimé ; en toi j'ai mis toute mon affection.**

Pourquoi Jésus pria-t-il ? Ou il faisait du théâtre, ou il priait réellement. En réalité cette prière et sa réponse ont accompli ce qu'avait prédit le prophète Esaïe :

Esaïe 61 :1-2 :
L'esprit du Seigneur, l'Eternel est sur moi, Car l'Eternel m'a oint pour porter de bonnes nouvelles aux malheureux ; Il m'a envoyé pour guérir ceux qui ont le cœur brisé, Pour proclamer aux captifs la liberté, Et aux

prisonniers la délivrance ; Pour publier une année de grâce de l'Eternel, Et un jour de vengeance de notre Dieu ; Pour consoler tous les affligés.

Et pour montrer que la prophétie précédente s'est accomplie en sa personne, Jésus est allé le déclarer dans une synagogue, comme l'atteste l'écriture ci-après :

Luc 4 :16 – 21 :

Il se rendit à Nazareth, où il avait été élevé, et, selon sa coutume, il entra dans la synagogue le jour du sabbat. Il se leva pour faire la lecture, et on lui remit le livre du prophète Esaïe. L'ayant déroulé, il trouva l'endroit où il était écrit : L'Esprit du Seigneur est sur moi, Parce qu'il m'a oint pour annoncer une bonne nouvelle aux pauvres ; Il m'a envoyé pour guérir ceux qui ont le cœur brisé, Pour proclamer aux captifs la délivrance, Et aux aveugles le recouvrement de la vue, Pour renvoyer libres les opprimés, Pour publier une année de grâce du Seigneur. Ensuite, il roula le livre, le remit au serviteur, et s'assit. Tous ceux qui se trouvaient dans la synagogue avaient les regards fixés sur lui.

Alors il commença à leur dire : Aujourd'hui cette parole de l'écriture, que vous venez d'entendre est accomplie.

Il va sans dire que Jésus priait réellement le Dieu Très Haut. Or le fait de prier suppose l'existence **simultanée** de deux personnes, un émetteur et un récepteur. **Par conséquent, Jésus n'est pas le Très-Haut qui était le récepteur de ses prières.**

CHAPITRE VII

JESUS-CHRIST, LE JUGE DES VIVANTS ET DES MORTS

Le statut de Jésus par rapport à celui du Dieu Très Haut peut encore être appréhendé sous l'optique de la fonction de juger les vivants et les morts.

La plupart des prophètes qui ont parlé de la part du Dieu Très-Haut ont annoncé la venue d'un jugement redoutable qui mettra fin à notre civilisation ainsi que l'homme qui a été désigné pour l'exécuter. Ils montrent que celui qui jugera les vivants et les morts est une personne autre que le Très Haut. Comme quels prophètes ? Nous pouvons citer sans limitation les Prophètes Esaïe, Ezéchiel, Daniel et Malachie. Ecoutons ce que ces derniers ont prédit.

Esaïe 13 : 6-9 :
Gémissez, car le jour de l'Eternel est proche : Il vient comme un ravage du Tout-Puissant. C'est pourquoi toutes les mains s'affaiblissent, Et tout cœur d'homme est abattu. Ils sont frappés d'épouvante ; Les spasmes et les

douleurs les saisissent ; Ils se tordent comme une femme en travail ; Ils se regardent les uns les autres avec stupeur ; Leurs visages sont enflammés. Voici, le jour de l'Eternel arrive, jour cruel, jour de colère et d'ardente fureur, Qui réduira la terre en solitude, et en exterminera les pécheurs.

Malachie 4 :1-2 :
Car voici, le jour vient, ardent comme une fournaise. Tous les hautains et tous les méchants seront comme du chaume ; Le jour qui vient les embrasera, dit l'Eternel des armées, Il ne leur laissera ni racine ni rameau.

Les deux prophéties qui précèdent indiquent clairement qu'un jugement mondial, destiné à mettre un terme à la présente civilisation est encore à venir.

Daniel 2 :44-45 :
Dans le temps de ces rois, le Dieu des cieux suscitera un royaume qui ne sera jamais détruit, et qui ne passera point sous la domination d'un autre peuple ; il brisera et anéantira tous ces royaumes –là, et lui-même subsistera éternellement. C'est ce qu'indique la pierre que tu as vue se détacher de la montagne sans le secours d'aucune main, et

qui a brisé le fer, l'airain, l'argile, l'argent et l'or. Le grand Dieu a fait connaître au roi ce qui doit arriver après cela. Le songe est véritable, et son explication est certaine.

Daniel 7 : 9-14 :
Je regardais pendant que l'on plaçait des trônes. Et l'ancien des jours s'assit. Son vêtement était blanc comme la neige, et les cheveux de sa tête étaient comme de la laine pure ; son trône était comme des flammes de feu, et les roues comme un feu ardent. Un fleuve de feu coulait et sortait de devant lui. Mille milliers le servaient, et dix mille millions se tenaient en sa présence. Les juges s'assirent, et les livres furent ouverts. Je regardais alors, à cause des paroles arrogantes que prononçait la corne ; et tandis que je regardais, l'animal fut tué, et son corps fut anéanti, livré au feu pour être brûlé. Les autres animaux furent dépouillés de leur puissance, mais une prolongation de vie leur fut accordée jusqu'à un certain temps. Je regardais pendant mes visions nocturnes, et voici, sur les nuées des cieux arriva quelqu'un de semblable à un fils de l'homme ; il s'avança vers l'ancien des jours, et on le fit approcher de lui. On lui donna la domination, la gloire et

le règne ; et tous les peuples, les nations, et les hommes de toutes langues le servirent. Sa domination est une domination éternelle qui ne passera point, et son règne ne sera jamais détruit.

Les deux prophéties de Daniel montrent, elles aussi, d'une manière claire que le jugement qui mettra fin à la présente civilisation sera décidé par le Dieu Très Haut, mais qu'il sera exécuté par le Fils de l'homme qui pilotera à cet effet le royaume de Dieu.

Quant au Prophète Ezéchiel, il a noté que ce jugement serait confié à un descendant de David, qui rétablirait le trône d'Israël.

Ezéchiel 21 :30-31 :
Et toi profane, méchant, prince d'Israël, dont le jour arrive au temps où l'iniquité est à son terme !
Ainsi parle le Seigneur, l'Eternel : La tiare sera ôtée, le diadème sera enlevé.
Les choses vont changer. Ce qui est abaissé sera élevé, et ce qui est élevé sera abaissé.
J'en ferai une ruine, une ruine, une ruine. Mais cela n'aura lieu qu'à la venue de celui à qui appartient le jugement et à qui je le remettrai.

Quel est cet homme à qui appartient le jugement et à qui l'Eternel remettra la tiare, le diadème, le trône d'Israël ? La réponse à cette question nous est donnée par Jésus-Christ.

Lors de son service terrestre, Jésus a dit que Dieu ne juge personne, mais qu'il a remis tout jugement à son Fils.

Jean 5 :22 - 23:
Le Père ne juge personne, mais il a remis tout jugement au Fils, afin que tous honorent le Fils comme ils honorent le Père. Celui qui n'honore pas le Fils n'honore pas le Père qui l'a envoyé.

Le Fils de Dieu dont il est question dans le verset ci-dessus, c'est bien Jésus-Christ. En effet, nous avons vu ci-haut que lors de son baptême d'eau, au sortir de l'eau, et tandis que Jésus priait, Dieu a déclaré par une voix descendue du ciel, que Jésus était son Fils bien-aimé, en qui il a mis toute son affection (Luc 3 :21-22).

Actes 10 : 42 :
Et Jésus nous a ordonné de prêcher au peuple et d'attester que c'est lui qui a été établi par Dieu juge des vivants et des morts.

C'est clair, le jugement destiné à mettre fin à la présente civilisation sera exécuté par Jésus-Christ.

Si donc Jésus est lui-même le Dieu Très-Haut, comme le laissent entendre les égarés, alors il est un grand menteur et un faux témoin, car il aurait dit des faussetés de la part du Très-Haut, en affirmant qu'il ne juge personne et qu'il a remis tout jugement à son Fils, alors que c'est faux. Il serait en train de tromper et les anges et les hommes.

Inversement, si c'est Jésus-Christ qui juge les vivants et les morts, alors il n'est pas le Dieu Très-Haut.

Cher lecteur, de quel côté êtes-vous ? Du côté de ceux qui croient que Dieu ne juge personne et qu'il a remis tout jugement à Jésus ou du côté de ceux qui disent que le Dieu Très Haut lui-même jugera les vivants et les morts ?

Dans le premier cas vous êtes dans la lumière, car vous êtes un avec le Père et avec le Fils. Dans le second vous êtes dans les ténèbres étant un avec Satan, le Père du mensonge.

Et conséquemment, vous irez dans le feu éternel préparé pour le diable et tous les menteurs (Apo 21 :8).

Pour échapper à ce triste sort réservé aux menteurs, vous n'avez qu'une possibilité : Croire que Jésus n'est point le Dieu Très-Haut.

En Apocalypse chapitre 5, nous voyons le Dieu Très-Haut remettre à Jésus un livre contenant ses jugements. En Apocalypse chapitre 6, nous voyons Jésus en train d'exécuter les jugements du Dieu Très-Haut. Tout ceci confirme les écritures sus examinées qui attestent que le Dieu Très Haut a établi son Fils, Jésus-Christ, exécuteur de son jugement.

Si l'Agneau qui ouvre les sceaux du livre scellé de sept sceaux est lui-même le Dieu Très-Haut, nous sommes donc en train d'assister à une pièce de théâtre et non à la vérité. Car dans ce cas de figure Dieu n'est qu'un menteur, Jésus également un menteur. Du coup le christianisme s'écroule, car il est fondé sur le principe selon lequel Jésus est la vérité (Jean 14 :6). De même le judaïsme s'effondre, car lui aussi repose sur le principe selon lequel le Très-Haut, « Je Suis », est lumière, donc vérité (1 Jn 1:5). En conséquence, toute la Bible s'écroule comme un tissu de mensonges et l'humanité reste perdue dans ses souffrances. Vous voyez où même la doctrine soutenant que Jésus est lui-même le Dieu Très-Haut ?

Abandonnez vite cette fausse doctrine qui mène ses partisans à la mort éternelle comme un bouvier mène ses bœufs à l'abattoir.

Vous direz : Mais pourquoi est-il écrit que Jésus et Dieu sont un (Jn 10 : 30 ; Jn 14 :10, 11)? Cela veut tout simplement dire que tout ce qui est à Dieu est à Jésus, et réciproquement tout ce qui est à Jésus est à Dieu (Jn 17 :9, 10).

Unité n'est pas égalité. L'unité de deux hommes ou deux êtres ne fait pas d'eux des êtres égaux. On peut être un avec quelqu'un sans être égaux ni identiques.

Je serais bien compris en prenant un exemple. Au commencement Dieu dit du mari et de sa femme : Ils deviendront une seule chair. Ils ne sont plus deux mais une seule chair (Ge 2 : 23-24 ; Mt 19 :4-5).

Est-ce que cette unité veut dire égalité ? L'homme et la femme mariés deviennent-ils égaux en vertu de cette unité qui existe entre eux ? L'homme devient-il une femme avec un vagin, une matrice, concevant des enfants dans son ventre ? La femme devient-elle un homme avec une verge, des testicules, et une semence mâle transmettant la vie ? La nature répond par la négative à toutes ces questions.

Prenons un autre exemple. Dans sa prière dite sacerdotale, Jésus a prié Dieu pour que ses disciples soient un, parfaitement un, comme lui

Jésus et Dieu sont parfaitement un (Jn 17 :21-23). Effectivement nous lisons dans la bible que les premiers chrétiens étaient parvenus à cette unité, étant devenus une même âme et un même cœur (AC 2 :44-45 ; 4 :32, 34-35). En quoi a consisté cette unité ? Pierre était-il devenu André ? Ou Jean était-il devenu Jacques ? Thaddée commençait-il à peser, à rire, à marcher, à raisonner comme Matthieu ? Non. Chacun était resté identique à lui-même. Mais alors en quoi cette unité des chrétiens a-t-elle consisté ? Elle a consisté en ce qu'ils avaient tout en commun et que nul ne disait que ses biens lui appartinssent en propre. Ce qui rejoint la parole de Jésus célébrant l'unité parfaite qui existe entre son Père et lui : Tout ce qui est à toi est à moi, dit-il, et ce qui est à moi est à toi (Jn 17 :9-10). Pour le reste chacun garde son organisme humain tel qu'il était avant cette unité. Ils sont seulement une même âme et un même cœur pour souligner qu'ils ont désormais la même volonté et les mêmes valeurs affectives, même connaissance, même foi. Mais chacun a sa maison, sa famille, ses vêtements, son teint, sa taille, sa prestance, sa stature, ses émotions, ses aptitudes physiques et intellectuelles, ses entreprises, et cætera. Ensuite ils mettent tout en commun.

CHAPITRE VIII

JESUS N'EST PAS LE DIEU DES DIEUX

Il est faux de croire qu'il n'y a qu'un seul Dieu dans le l'univers. Non, il y a plusieurs dieux, mais un seul vrai Dieu, qui est le Dieu des dieux. Qu'il existe plusieurs dieux, cela ressort de la parole même du Dieu Très-Haut. Dans le décalogue, l'Eternel interdit à son peuple d'avoir d'autres dieux (notez le pluriel) devant sa face (Ex 20 :1-3). C'est là une façon de reconnaître l'existence de nombreux autres dieux. L'Eternel ne les appelle même pas des « faux dieux » comme nous aimerions ou avons l'habitude de les traiter. Il dit : « autres dieux », point, barre. Faux ou vrais ? Il ne le précise pas. Nous savons alors qu'il existe d'autres dieux à part l'Eternel.

L'Eternel a reconnu l'existence de plusieurs dieux en Egypte : « J'exercerai des jugements contre les dieux (au pluriel) de l'Egypte, Je suis l'Eternel (Ex 12 :12). L'Eternel ne les appelle pas « faux dieux ». Il les appelle dieux tout cours.

C'est peut-être dans ce verset que l'Eternel est plus explicite dans la reconnaissance d'autres dieux.

Deutéronome 10 :17 :
Car l'Eternel, votre Dieu, est le ***Dieu des dieux,*** *le Seigneur des seigneurs, le Dieu* ***grand, fort et terrible,*** *qui ne fait point acception des personnes et qui ne reçoit point de présent.*

Dans ce verset l'Eternel reconnaît l'existence d'autres dieux et d'autres seigneurs. Le créateur de l'univers souligne ici l'idée de la hiérarchisation des dieux. Il est, lui, le Dieu des dieux, le Dieu grand. Cela laisse entendre qu'il existe en dehors de lui des dieux moins grands, moins forts, moins terribles, **mais des dieux quand même.**

Le christianisme, comme le judaïsme dont nous venons d'épingler quelques versets à ce sujet, reconnaît également l'existence des dieux au pluriel. Jésus lui-même le reconnaît en rappelant un verset des Psaumes.

« J'ai dit que vous êtes des dieux, vous êtes tous des fils du Très-Haut (Ps 82 :6 ; Jn 10 :34).

L'Apôtre Paul, fidèle disciple de Jésus, l'a reconnu en ces termes :

Car, s'il est des ***êtres*** *qui sont appelés* ***dieux,*** *soit dans le ciel, soit sur la terre, comme* ***il existe réellement plusieurs dieux*** *et* *plusieurs seigneurs, néanmoins pour nous il n'y a qu'un seul Dieu, le Père, de qui viennent toutes choses et pour qui nous sommes, et un seul Seigneur, Jésus-Christ, par qui sont toutes choses et par qui nous sommes. Mais cette connaissance n'est pas chez tous (1 Co 8 :5-7).*

Cette écriture est très claire comme de l'eau claire dans un verre clair. Elle reconnaît l'existence de nombreux autres dieux. Elle insiste sur cette réalité en utilisant l'adverbe « réellement ».

Cependant pour nous « les vrais croyants », martèle l'Apôtre, pour nous « les chrétiens », il n'y a qu'un seul Dieu. Qui est-il ? Celui qui est le **PERE**. C'est bien lui de qui viennent toutes choses et pour qui nous sommes. Une fois de plus nous remarquons que l'écriture ne traite pas tous ces dieux de « faux ». Mais elle précise que toutes choses et tous les dieux viennent d'un seul Dieu, qui est le **Père** de tous, et toutes choses existent **pour lui.** Elle précise aussi la place de Jésus dans la création en disant que toutes choses y compris les autres dieux ont été créées par son intermédiaire : « Jésus-Christ **par qui** sont toutes choses et **par qui** nous sommes ».

Le débat qui déchire les religions autour de la divinité de Jésus trouve dans tous les versets sus-examinés une solution limpide, qui se résume comme suit :

1. Jésus n'est pas le seul dieu, il figure sur une liste de plusieurs dieux.
2. L'Eternel n'est pas non plus le seul Dieu, il fait partie de plusieurs dieux.
3. Jésus est Dieu, mais il n'est pas le Dieu des dieux. Car cette position est réservée à Dieu le Père, celui que Jésus appelle « vrai Dieu » en Jn 17 :1-3.
4. Que vous soyez un dieu ou un humain ou un esprit, sachez que vous avez été créé par Dieu le Père par l'intermédiaire de Jésus-Christ.

En conclusion, Jésus est Dieu, mais pas le Dieu des dieux. Tous les autres dieux lui sont soumis à l'exception de l'Eternel, le seul vrai Dieu, et Dieu des dieux (1 Co 15 :27). Partant, Jésus-Christ n'est pas le vrai Dieu.

CHAPITRE IX

LES MATHEMATIQUES ET LE STATUT DE JESUS-CHRIST

Le statut de Jésus-Christ par rapport à l'Eternel Dieu aura vraiment fait couler beaucoup d'encre et de salive. Jésus-Christ est-il l'égal du Dieu Très Haut ? Telle est la question qui tracasse tous les hommes en tous lieux et ce, depuis près de 2000 ans. Aujourd'hui encore cette question déchire non seulement la chrétienté mais aussi le monde tout entier. Chacun y va par ses arguments, et on n'arrive pas à se mettre d'accord sur un point. Les partisans de l'égalité entre Jésus et le Dieu Très Haut sont tout aussi nombreux que les défenseurs de la supériorité absolue du Très Haut par rapport à son Christ. Il semble que nous avons exploré toutes les voies pour expliquer cette épineuse question sauf celle de la science. Or il semble que la science assemble alors que la foi disperse. Chacun a sa foi, dit-on, mais tous ont une même science. Nous voulons donc faire recours à la science pour trancher la question du statut du Christ par rapport au Dieu Très Haut. Pourquoi la science dans les affaires religieuses ?

Parce que la bible nous apprend que la science participe à la diversité des dons de Dieu qui contribuent à la vie et à la piété, en assurant un accroissement de la connaissance de Dieu et de Jésus-Christ (2 Pi 1 :3-6). Aux arguments de la foi, nous allons cette fois-ci ajouter ceux de la science pour connaitre une bonne fois pour toutes le rapport entre Jésus et Dieu. Et ce n'est pas n'importe quelle science, mais les mathématiques, science connue pour son exactitude, sa rigueur, et le caractère contraignant de ses preuves. Dieu lui-même et Jésus sont des mathématiciens de premier plan. Tout ce qu'ils ont créé est imbibé de mathématiques. La structure et le fonctionnement du corps humain, la structure et le fonctionnement de l'univers, et l'arsenal des lois auto actives qui gouvernent la création, pour ne citer que ces exemples, témoignent d'une haute conception scientifique pour ne pas dire mathématique.

Parmi les innombrables théories mathématiques disponibles, intéressons-nous à celle ayant trait aux relations d'ordre dans un ensemble, notre propos étant de classer, d'ordonner Jésus-Christ par rapport au Très Haut dans l'univers et plus singulièrement dans le royaume de Dieu. Le choix de cette théorie est dicté par le fait que dans ses discours, Jésus-Christ a montré que l'univers ou le royaume de Dieu est un ensemble ordonné. A plusieurs reprises, en effet, il a montré que les éléments, mieux les êtres du royaume de Dieu peuvent être comparés entre eux. A preuve, Jésus s'est comparé à Dieu (Jean 14 :28). Jésus a aussi comparé Jean Baptiste à tous les hommes qui sont nés avant lui (Mt 11 : 11). Les apôtres se préoccupaient de savoir qui était le plus grand parmi eux (Mt 18 :1). Nous lisons également dans l'épître aux Hébreux que Dieu s'est comparé à tous les êtres de l'univers, et qu'Abraham a été comparé à Melchisédek (Hébreux 6 :13 ; 7 : 4, 7). Donc il existe bel et bien une relation d'ordre dans l'ensemble «royaume de Dieu ». Et cette relation d'ordre c'est la relation « **Plus grand que » ou « Supérieur à »**

Relation d'ordre.

Qu'est-ce qu'une relation d'ordre ? Une relation d'ordre dans un ensemble est une relation binaire dans cet ensemble qui permet de comparer ses éléments entre eux de manière cohérente. Un ensemble muni d'une relation d'ordre est un ensemble ordonné. On dit aussi que la relation définit sur cet ensemble une structure d'ordre ou tout simplement un ordre[1].

[1] Wikipédia

Propriétés

Rappelons brièvement qu'une relation d'ordre se caractérise par les propriétés ci-après.

Soit **E** un ensemble. Une relation binaire **R** sur **E** est un sous- ensemble de **E x E.** On note **x R y** pour signifier que le couple **(x, y)** appartient à **R**, et **x R barré y** pour signifier que le couple **(x, y)** n'appartient pas à **R.** Les propriétés d'une relation d'ordre se présentent comme suit :

Réflexivité

On dit que **R** est réflexive quand : quel que soit **x** appartenant à **E, x R x** est vérifié.

Symétrie

On dit que **R** est symétrique quand : quels que soient **x et y** appartenant à **E, x R y** entraine **y R x**

Antisymétrie

On dit que **R** est antisymétrique quand : quels que soient **x et y** appartenant à **E,** si **x R y** et **y R x** alors **x = y.**

Transitivité

On dit que **R** est transitive quand : quels que soient **x, y, z** appartenant à **E,** si **x R y et y R z** alors **x R z.**

Définition

Par définition, une relation binaire est un ordre (ou une relation d'ordre) quand elle est :

- Réflexive
- Antisymétrique, et
- Transitive.

On définit aussi une relation **d'ordre strict**, qui est **irréflexive, antisymétrique et transitive**.

Relation d'ordre dans le royaume de Dieu

Quand Jésus parle de sa relation avec Dieu ou de celle de Jean baptiste avec les autres hommes nés avant lui, il parle d'un **ordre strict**. Car Jésus dit :

Jean 14 : 28 :
Car le Père est plus grand que moi.

Dans ce verset, Jésus ne dit pas : Car le Père est plus grand (que) ou égal à moi. S'il avait dit cela, nous serions en présence d'un ordre simple. Mais maintenant nous avons affaire à un ordre strict

Ainsi donc, le royaume de Dieu muni de la relation « **Plus grand que** » est un ensemble strictement ordonné. Ses éléments peuvent être comparés deux à deux de manière cohérente. Aussi peut-on lui appliquer les théorèmes de la relation d'ordre dans un ensemble.

Application

Appliquons les résultats de cette étude à la comparaison entre Dieu et Jésus. Le Christ ayant dit lui-même que son Père – L'Eternel Dieu Très Haut - est plus grand que lui, nous sommes en présence d'un **ordre strict** qui est nécessairement antisymétrique. En vertu de l'antisymétrie, si un élément est plus grand qu'un autre, ce dernier ne peut être ni plus grand ni égal au premier. Cela veut dire que, si Dieu est strictement plus grand que Jésus-Christ, Jésus ne peut être ni plus grand ni égal à Dieu. Jésus reste donc strictement et éternellement inférieur à Dieu. **Dans le royaume de Dieu, nul ne peut être en même temps supérieur et égal à un autre.** La relation d'ordre n'étant pas symétrique, Jésus-Christ n'est pas le Dieu Très Haut qu'il appelle son Père. Sinon ce serait pécher contre les mathématiques, science qui ne se trompe pas. Ce qu'il fallait démontrer (CQFD).

CHAPITRE X :

QUI EST LE CREATEUR DES MONDES ?

Cette question a fait le tour du monde. Les réponses sont aussi différentes que contradictoires. Les sources des réponses non autorisées pour la plupart. Certains disent que les mondes ont été créés par Jésus-Christ. Comme si Jésus –Christ était honoré par cette revendication.

Quant à nous, la **paternité** de la création revient à Jéhovah, Dieu. Cette affirmation repose sur l'écriture ci-après :

Apocalypse 21 : 1, 5 :
Puis je vis un nouveau ciel et une nouvelle terre ; car le premier ciel et la première terre avaient disparu, et la mer n'était plus … ***Et celui qui était assis sur trône dit : Voici, je fais toutes choses nouvelles. Et il dit : Ecris ; car ces paroles sont certaines et véritables.***

Il ressort de l'écriture précédente que celui qui crée le nouveau ciel, la nouvelle terre et toutes choses nouvelles, c'est bien celui qui est assis sur le trône. Qui est-il au fait ? Apocalypse 4 : 2, 3,8-11 répond très précisément en appelant Dieu, « Trois fois saint », « Celui qui vit aux siècles des siècles », celui qui est assis sur le trône, là-haut dans le ciel. Apocalypse 5 : 1 ajoute que celui qui est assis sur le trône c'est celui qui tient le livre scellé de sept sceaux, livre dans lequel se trouve décrite la création d'un nouveau ciel et d'une nouvelle terre, et de toutes les autres choses nouvelles.

Il va sans dire que ce n'est pas Jésus qui a créé le nouveau ciel et la nouvelle terre, et toutes les choses nouvelles. En effet, Jésus n'est pas assis sur le trône, mais précisément au milieu du trône et des quatre êtres vivants, et au milieu des vieillards (Apo 5 :6). A propos de l'expression « au milieu du trône » que certains égarés aiment à confondre avec le trône lui-même pour insinuer que Jésus est également assis sur le trône, pour lui faire prendre la place du Très-Haut, il y a lieu de noter que Jésus n'est pas le seul à se situer au milieu du trône. Il y a par exemple les quatre êtres vivants qui sont au milieu du trône. Il suffit de lire Apo 4 :6 pour s'en convaincre. Malgré leur position au milieu du trône, il ne viendrait à l'esprit de personne de suggérer que les quatre êtres vivants sont assis sur le trône, et moins encore de les confondre avec Dieu. Gardons alors la même logique et laissons Jésus au milieu du trône et n'ajoutons rien à ce qui est écrit. Cette remarque montre que Dieu et Jésus sont tout à fait distincts.

C'est donc clair et net, seul le Dieu qui est assis sur le trône est l'auteur et le créateur du nouveau ciel et de la nouvelle terre, et de toutes les choses nouvelles.

Non seulement Jéhovah a créé le nouveau ciel et la nouvelle terre, mais encore fait-il disparaître l'ancien ciel et l'ancienne terre. Ce qui fait comprendre que c'est Jéhovah seul, et non Jésus –Christ, qui est l'auteur et le créateur du premier ciel et de la première terre, et des choses qui y sont. Cela ressort clairement de l'Apocalypse 4 : 11, qui rapporte en ces termes les paroles pleines de reconnaissance et d'admiration adressées par les quatre êtres vivants à l'unisson avec les vingt-quatre vieillards à Dieu qui est assis sur le trône : tu es digne notre **Seigneur et notre Dieu,** de recevoir la gloire et l'honneur et la puissance ; car tu as créé toutes choses, et c'est par ta volonté qu'elles existent et qu'elles ont été créées. C'est donc le Dieu vivant aux siècles des siècles, celui qui est assis sur le trône, qui a créé le premier ciel et la première terre, et les choses qui y sont. Sinon comment aurait-il l'autorité sur eux ? Comment aurait-il pu les rouler comme un vêtement usé s'ils eussent été créés par un autre patron, une autre volonté ?

Si le Seigneur Jésus est celui qui a créé le premier ciel et la première terre, et les choses qui y sont, comme l'enseignent à tort certains égarés, dont l'intelligence est obscurcie et dont la ruine ne sommeille pas, pourquoi n'a-t-il pas créé le nouveau ciel et la nouvelle terre, et toutes les choses nouvelles ? Et pourquoi ne s'est-il pas opposé à la volonté de Jéhovah de faire disparaître son système, son ciel, sa terre, et les choses qui y sont ?

En donnant la précision sur l'auteur du monde nouveau avant qu'il ne soit mis en place, Jéhovah, Dieu, tient à lever toute équivoque quant à la paternité de la création. Et Il l'écrit dans un livre au sujet duquel Il déclare que quiconque y ajoutera quelconque chose Dieu lui ajoutera les fléaux qui y sont décrits, et quiconque en retranchera quelque chose Dieu retranchera sa part de l'arbre de vie décrit dans ce livre (Apo 22 :18,19). Faisons donc attention. Nul ne peut dire que c'est Jésus qui a créé toutes choses sans ajouter ou soustraire quelque chose aux paroles du livre scellé de sept sceaux.

Dès lors la question est la suivante : comment concilier ces écritures avec Jean 1 :3 et Col 1 :16 qui semblent attribuer à Jésus la création de toutes choses ? Cela veut tout simplement dire que Jésus a participé à la création en tant qu'architecte et non en qualité d'auteur et maître de l'œuvre. Son honneur est celui d'un maçon, d'un charpentier, qui exécute le plan d'un maître d'œuvre. Pour créer quelque chose, il ne suffit pas de pouvoir le faire. Il ne suffit pas d'en avoir les capacités. Il faut avant tout avoir la volonté de créer quelque chose. Et la volonté de créer les mondes anciens et nouveaux, l'écriture l'attribue au Dieu assis sur le trône. C'est par sa volonté que toutes choses existent et qu'elles ont été créées. (Apo 4 :11). Et l'écriture fait une différence entre faire exister et créer. L'existence d'une chose précède sa création. Par exemple, un jour Dieu a voulu que la poussière se changeât en poux dans tout le pays d'Egypte sur les hommes et sur les animaux. Et il a voulu que ces poux fussent créés par Moise. Et Ils furent créés par Moise (Exode 8 : 12 – 13). C'est ainsi qu'il est dit de Jésus que toutes choses ont été créées par lui. Cependant il n'est dit nulle part que toutes choses ont existé par la volonté de Jésus.

Sans doute Jésus a été employé par Dieu pour exécuter les plans de la création. C'est la raison pour laquelle Jean 1 : 3 et Col 1 : 16

soulignent que toutes choses ont été faites par lui, que rien de ce qui a été fait n' a été fait sans lui, et qu'en lui ont été créées toutes choses qui sont dans les cieux et sur la terre, les visibles et les invisibles, trônes, dignités, dominations, autorités, et que tout a été créé par lui et pour lui. Ces écritures ne contredisent pas celles –là ; elles veulent tout simplement mettre l'accent sur la participation de Jésus – Christ à la création. La préposition « sans » employée en Jean 1 :3 n'indique jamais l'agent, l'auteur d'une action, mais elle suggère l'idée d'accompagnement, elle marque tout simplement la présence de en contraste avec l'exclusion. Jésus n'était pas exclu de l'œuvre de la création du monde ; le monde n'a pas été fait en dehors, à l'insu de Jésus; Jésus était avec Dieu au moment de la création, collaborant avec son Dieu et Père.

Il n y a pas deux volontés à l'origine de la création, mais une seule, celle de Jéhovah Dieu.

D'ailleurs Hébreux 1 :2 confirme en termes on ne peut plus clairs le rôle secondaire joué par Jésus –Christ dans la création : « Dieu, dans ces derniers temps, nous a parlé par le Fils, qu'il a établi héritier de toutes choses, par lequel il a aussi créé le monde. » C'est clair comme l'eau de roche. Jésus a été l'instrument, l'agent de Jéhovah Dieu dans la création du monde et non pas l'auteur même du monde.

Nul ne peut être héritier de ses propres œuvres. Elles lui appartiennent, c'est tout. Or l'écriture sus évoquée déclare que Dieu a établi Jésus **héritier du monde. Par conséquent Jésus-Christ n'est pas le créateur de toutes choses.**

Nous avons pu reconnaître que seul Jéhovah est le créateur attitré des mondes, tant les anciens que les nouveaux.

Continuer à enseigner le contraire c'est commettre un péché grave. Etant entendu que le péché c'est tout ce qui écarte de l'ordre qui a Dieu pour fin, enseigner que le monde a pour auteur Jésus-Christ, c'est évidemment écarter de Dieu, et donc c'est commettre le plus grand péché. Car le premier et le plus grand commandement prescrit d'aimer Dieu avant et au-dessus de toutes choses. Et selon Jésus, la vie éternelle est accordée à celui qui connaît Jéhovah Dieu, et sait faire la distinction entre le Très-Haut et Jésus-Christ.

Cher lecteur, puisqu'il est établi que Jésus n'a pas créé le monde de sa propre initiative, ni de sa propre volonté, alors Jésus n'est pas Jéhovah ni son égal.

Par conséquent tous les Pasteurs, toutes les églises, toutes les confessions et sectes religieuses qui confessent que Jésus est le Très-Haut lui-même sont dans l'erreur.

Il en est particulièrement ainsi des Pentecôtistes, des Branhamistes, et plus généralement des chrétiens protestants, car ils ne connaissent ni Jésus-Christ ni Jéhovah, le Dieu Suprême. Car nul ne peut connaître Jéhovah et l'abaisser au niveau de Jésus-Christ, sa créature, ni connaître Jésus-Christ et l'élever au rang de Jéhovah, son créateur.

La preuve que ces églises, confessions et sectes religieuses ne connaissent ni le Père céleste ni son Fils Jésus – Christ c'est qu'ils ne dédient à Jéhovah quasiment aucune chanson, et qu'ils prient un Dieu Suprême qui est Jésus-Christ. Vérifiez bien le répertoire de la musique cultuelle pentecôtiste, pour ne citer que cette agape de la vigne de la terre, vous verrez que toutes les chansons ou presque sont destinées à un certain Jésus. Et lorsqu'une chanson parle de Jéhovah, celui-ci est confondu avec Jésus-Christ.

A titre d'illustration, la chanson appelée « A lui toute l'adoration », de l'artiste musicien DEBABA, autoproclamé Evangéliste, est un exemple éloquent de ce quiproquo. Nous y trouvons entre autres les vers suivants : « **Il n'y à point de Dieu comme Jésus** », et : « Je regarde dans le ciel, **je n'y vois point d'autre Dieu si ce n'est toi, Jésus »** (c'est nous qui avons traduit du lingala). Ces vers sont une abomination. Sans nul doute, ces phrases ont été inspirées par le diable pour la perdition de DEBABA et de tous ceux qui approuveront ce cantique.

C'est pourquoi j'invite quiconque est dans une église, une confession ou une secte religieuse qui confesse que Jésus est Jéhovah à en sortir sans délai. L'heure du jugement de Dieu étant venue, quiconque fait le quiproquo en cette matière périra dans le feu éternel. La gloire et l'adoration dues pour la création du ciel et de la terre, et des sources d'eaux et des choses qui y sont doivent être données à Jéhovah, et à lui seul.

A Jésus – Christ nous devons la gloire et l'adoration dues à la rédemption du monde. Quand en apocalypse 5 :8-10 les êtres célestes se prosternent devant Jésus et l'adorent, ils précisent que c'est pour son immolation et le rachat de l'humanité par son sang qu'ils lui rendent cet hommage, et pas pour la création du monde.

Je n'insisterai jamais assez : sortez du milieu de ceux qui prennent Jésus pour Jéhovah de peur que vous ne participiez à leurs péchés et que vous n'ayez de part à leurs fléaux.

Je vous conseille de suivre le Messager de l'Evangile éternel pour apprendre la vérité et être agréable à Dieu.

CHAPITRE XI

CONCLUSION

Notre conclusion est celle de l'écriture sainte elle-même qui, en Jean 20 :31, tranche sur la position exacte de Jésus, car elle déclare le but du récit du nouveau testament : *Mais ces choses ont été écrites afin que vous croyiez que Jésus est le Christ, le Fils de Dieu, et qu'en croyant vous ayez la vie en son nom.*

Donc si quelqu'un souhaite avoir la vie éternelle, il doit croire que Jésus est le Fils de Dieu, et non le vrai Dieu lui-même.

Pour établir que notre Seigneur Jésus-Christ n'est pas le Très-Haut, il suffit de constater que :

1) Jésus a été prédestiné par Jéhovah (1 Pi 1 :20)
2) Jésus est un homme comme nous (1 Tim 2 :5)
3) Jésus n'est pas un esprit comme Jéhovah (Luc 24 :39)

4) Jésus est un mortel comme nous (Apo 1 :18)

5) Jésus est visible contrairement à Jéhovah (Col 1 :15 ; Jean 14 : 8, 9)

6) Jésus demeure éternellement Fils de Jéhovah (Apo 2 :18)

7) La divinité de Jésus est juridique (Jean 10 :34-35 ; Es 9 :5)

8) Jésus est un Dieu fait chair à jamais (Jean 1 :1, 14)

9) Jésus est plus petit que Jéhovah (1 Co 11 :3)

10) Jésus jure par Jéhovah (Apo 10 :5)

11) Jésus n'est pas omniscient comme Jéhovah (Mc 13 :32)

12) Le règne de Jésus est limité dans le temps (1 Co 15 :24-28).

13) Jésus n'est pas le créateur de toutes choses (Apo 4: 9 - 11 ; Apo 21 : 1, 5).

Il suit en toute logique que, tous ces milliards de gens qui croient que Jésus est le Très-Haut n'auront pas la vie éternelle. Par conséquent, tous ces membres d'églises pentecôtistes, branhamistes, de réveil ou autres, qui se prévalent d'avoir le saint esprit tout en confessant que Jésus est le vrai Dieu agissent sous l'impulsion des esprits impurs et sont des demeures des démons. S'ils ne se repentent pas de ce blasphème, ils périront tous impitoyablement.

Chacun peut donc mesurer la gravité de la confusion qui règne dans les milieux religieux entre le Très-Haut et Jésus-Christ, et apprécier à sa juste valeur la contribution de la présente étude à votre salut éternel.

Bien sûr, Jésus participe à la nature divine. Mais le fait d'y participer ne lui confère pas la divinité absolue. A ce sujet, nous notons avec Pierre que l'homme est appelé à participer à la nature divine. Mais quand il y parviendra il ne sera pas l'égal de Jéhovah pour autant (2 Pi 1 :4).

Ainsi, si Jésus participe à la nature divine, cela ne fait pas de lui l'Etre suprême, le Dieu Très-Haut.

CONCERNANT L'AUTEUR

Kamango Selemani Sheta – Sheta appartient à l'ethnie SONGE dont l'érudit sénégalais, Cheikh Anta Diop, égyptologue de renommée planétaire, a dit qu'elle parle la même langue que les Egyptiens qui avaient bâti les pyramides, qui sont une des merveilles du monde.

Cela fait comprendre que les BASONGE sont venus de l'Egypte. A ce titre ils ont participé à l'invention de l'écriture et ont donc contribué à faire sortir l'humanité de la préhistoire pour l'introduire dans l'histoire, la faisant passer de la tradition orale à la tradition écrite.

Il va sans dire que les BASONGE ont contribué à élever la vie humaine au-dessus des conditions animales en la rendant différente de la vie des bêtes.

C'est donc de ce peuple fort et puissant, intelligent et ingénieux, qu'est né l'auteur du présent livre, un certain 29 novembre 1953 à Kongolo, étant fils de Kamango Kilumbu Gustave et de Mangaza Nkongolo Clémentine, dits de nationalité congolaise selon la volonté des Belges, province du Maniema, territoire de Kasongo, collectivité de BASONGE 1er, groupement de Loengo, cité de Samba.

Chez les Basonge mêmes, Kamango Selemani Sheta-Sheta est un homme de haute naissance. Son père est un Prince des Benya MUDIMA, sa mère une Princesse des Benya KALEEMBA. Son grand père paternel, le Grand Chef Mwana Kahambwe Ngalu et son grand père maternel, le Grand chef Mwana Ntambwe Lumpangu, avaient bâti une coalition des chefs Songe et organisé une résistance farouche à la colonisation belge, afin de préserver leurs trônes, leurs trésors, leurs richesses, leurs valeurs ainsi que le droit de leurs peuples à la dignité humaine, à la liberté, à la propriété privée des terres, et à l'autodétermination. L'homme blanc n'a pu mettre ses pieds à Nalwe, la capitale, jusqu'à ce qu'il s'agenouillât et s'engageât à les traiter avec dignité.

Il n'est donc pas étonnant que le Dieu Très-Haut fasse recours à une postérité Songe pour bâtir une coalition en vue de contribuer cette fois-ci à la délivrance de l'humanité de la corruption, de la cruelle oppression politique et de l'impitoyable exploitation économique d'origine romaine imposées par l'église catholique romaine, ses rois et ses marchands véreux. Longtemps avant, le Prophète Esaïe avait annoncé qu'il y aurait en Afrique centrale une nation forte et puissante dont l'Eternel allait se servir comme instrument de sa colère pour juger le monde (Esaïe18 :1-7). Les faits montrent qu'il s'agit des chrétiens d'origine Songe. En effet, de tous les peuples de la région susvisée seul le peuple Songe menace, par son fils, l'auteur de ce livre, l'Etat de Vatican, l'église catholique romaine, les Etats européens, les Etats-Unis d'Amérique et l'islam, qui sont les adversaires les plus puissants mais aussi les plus maquillés de Dieu et de son Christ.

Prédestiné à conduire le combat des saints de Dieu contre les forces du mal en vue de l'établissement du royaume de Dieu sur la terre, il sera tiré de la boue des péchés, lavé, sanctifié et justifié au nom de Jésus-Christ fin 1980. C'est ainsi que le 11 février 1981 il sera oint de force et d'esprit, le Saint-Esprit étant descendu sur lui sous une forme corporelle, comme une colombe, à trois reprises la même nuit, et une voix faisant entendre du ciel, à chaque descente de la colombe, ces paroles : « Reçois le Saint-Esprit ». Trois jours après, soit le 14 du même mois, il sera baptisé de force et d'esprit publiquement, un feu précédé d'un coup de vent l'ayant couvert de la plante des pieds à la tête, avant qu'une colonne de lumière venant du ciel, étincelant comme l'éclair, vînt couronner la cérémonie d'investiture en clignotant trois fois devant sa face.

Le 03 mai 1983 Dieu l'établit en qualité de Messager de l'Evangile éternel promis dans Apocalypse 14 :6-7, chargé d'annoncer à tous les peuples , à toutes les tribus, à toutes les nations, à toutes les langues , et à tous les chefs des nations de la terre, la bonne nouvelle de la venue du jugement et de l'intronisation du Fils de Dieu, Jésus-Christ.

Edition revue et enrichie le 12 mars 2019
Texte réalisé à Lubumbashi, le 31/ 12/ 1991
Revu et complété le 10 décembre 2013
à Lubumbashi, République Démocratique du Congo

Printed by Books on Demand GmbH, Norderstedt / Germany